「バカ」を一撃で倒すニッポンの大正解

HOW TO DEFEAT THE "BAKA" WITH A ONE-HIT KNOCKOUT!

嘉悦大学教授
髙橋洋一

ビジネス社

はじめに

「先生はよく、〝文系バカ〟とか〝ド文ちゃん〟と言って小バカにしているように思いますが、文系だって頭のいい人はいますよね！」

担当編集者（典型的なド文系のド文ちゃん）の、こんな一言から本書の企画が始まった。

彼が言いたいのは、要するに、髙橋洋一は文系相手にマウントをとり、理系でなければ人にあらずという思想を持った〝差別主義者〟に見える、ということだ。

いくらなんでもひどい物言いだろう。

しかし、言われてみれば確かに私も人のことを言えた義理ではない。事実、私は文系の人を揶揄《やゆ》するタイトルの本を何冊も世に送り出している。それは、クソ論法で直情的に自説を展開するバカ……つまり**ロジカルでない人が文系には圧倒的に多い**という内容なのだが、タイトルだけで判断されると、文系の人すべてがバカだと言っているように感じる人もおられるだろう。

ただし、ちょっと言い訳を言わせてもらおう。タイトルは営業成績にかかわるので、一切私は関与しない主義である。もちろん、本文の内容は私が責任をもっているが、あのようなタイトルは、すべて営業のために編集者がつけているのだ。

いずれにせよ、そうしたある種の〝言葉足らず〟のせいで、文系の人の多くを敵に回してしまっている可能性があることは確かだ。

「先生、バカはバカでも、いろんなバカがいますよね？　文系とか理系とか関係なく、バカとはどういうものなのかを示すことができれば、バカにならないように気をつけることができます。いまはバカでも、バカを脱却するヒントになるんですよ！」

そんなに「バカ」を連呼するものではない。ただ、君の熱意と危機感はわかった……。

私は常々、

「理系は専門バカかもしれないが、専門性のない文系よりマシ」

という趣旨のことを述べてきた。

そもそも**日本における文系と理系というのは、ハッキリ言ってしまえば**

「**数学ができるか否か」で分かれている**。数学ができる人、つまり理系の人は物事をロジカルに考える傾向にある。数学は論理的思考力のベースになるからだ。一方、文系の人は、数字に弱いからか、主義主張や思い込みをベースにして論を組み立てる人が多い。

もちろん、文系だからといって「全部バカ！」と言うつもりはない。私が太刀打ちできないくらい広い分野に精通している人がいるし、世の中のトレンドを的確につかんでビジネスを展開している人もいる。また、人心をつかみ、人の上に立つ仕事をしているのも文系の人に多い。

どんな論でも、「たまたま正しい」ということを私は評価しない。重要なのは、正解に至るまでのプロセスだ。**たまたま正しいことを言う人は、しょっちゅう間違える人でもある**。ロジカルな思考法を身につければ、そんな〝残念な人〟にならなくて済む。

数学が苦手という人でも、数学的な思考法、つまりロジカルに考えることはできる。本書で挙げた各項目を読みながら、頭の体操をしていっていただきたい。

そもそも、**大半の人は実は「バカ」とは何なのかをわかっていない**のかもしれない。となると、バカとはどういうことを言うのかがわかれば、我が身を振り返って修正すべきところは修正できるはず。人は失敗から学ぶことができるし、何歳からでも成長できる。

本書をきっかけにロジカルに考えることの大切さを感じ取り、ニュースを裏から読み解いたり、ご自身のビジネスに活かしたりしていただけたら幸甚である。

令和元年6月　髙橋洋一

第1章 主義主張や思い込み、好みで物事を分析しようとする**バカ**

バカの論

第2章 原因と結果の関係をいつも取り間違えるバカ

第2章

バカの論

第3章

どうでもいいことにばかりこだわるバカ

バカの論

第4章 雰囲気だけで事象を語ってしまうバカ

バカの論

第5章 わからないことを平気で話す身の程知らずのバカ

第5章

バカの論

第1章

主義主張や思い込み、好みで物事を分析しようとするバカ

01

財政破綻の正体

バカの論

いつ来るかはわからないけど、
リスクは間違いなくあるでしょ？

**「破綻」は確率現象だから、
いつどうなるか数字で
言えなきゃ意味なし。
ま、答えは簡単なんだけどね**

先日、ＢＳ朝日の番組において、朝日新聞編集委員の原真人氏と討論を行った。話はアベノミクスの成否から財政破綻論にまで及んだが、原氏が「いつ財政破綻するかという確率は言えないが、リスクはある」と言うのには恐れ入った。それでいて、地震の確率は30年以内で70％と話す。支離滅裂とはこのことだ。ではなぜ、この発言が支離滅裂なのか。

一般の人は、「リスク」という言葉は「なんとなく危険がある」といった感じで使うが、学者の世界では**「確率＝数字で表現できるもの」にしか「リスク」という言葉を使わない。**

「今後何年で、何パーセントの確率で……」というように表すが、数字を明言せずにアバウトに「リスクがあります」などということは絶対にあり得ない。

天気予報で「今日の降水確率は何パーセント」と言うのと同じこと。つまり、「いつかいつまでに」「どれくらいの確率で」と語ることができるのが「リスク」なのだ。だから、リスクを数値化できなければ財政破綻論は成り立たない。

その点、私はジャーナリストではなく専門家だから、リスクをきちんと分析する。私の計算では、**今後5年以内に日本が財政破綻する確率は1％程度**でしかない。

一般的に、5％未満の確率は「ないもの」と考える。天気予報で降水確率が0％（日本語の「零」は小さいという意味で、気象庁は5％未満という意味で使っている）のときに、傘を持って家を出る人が果たしてどれだけいるだろうか。

財政破綻についても、破綻するかしないかは、マーケットでどう評価されているかで推測できる。各国国債の信用度は、それにかかわる保険料（ＣＤＳレート＝債券などの債務不履行のリスクを対象にした金融派生商品の取引レート）から算出される。当然のことながら、破綻の確率が高いと判断された国の保険料は高くなるし、破綻の可能性が低いと思われている国は保険料が低くなる。人間でも、老いれば老いるほど保険加入時に断られたり保険料が高くなったりするが、それと基本的には同じことだ。

そもそも、破綻の確率を計算できなければ保険料は計算できない。だから、保険料を見れば、破綻の確率が逆算できる。日本の保険料は０・２％程度だから、ほかの国と比べても非常に低利である。つまり、この数値からも財政破綻など、そもそも議論にすらならない。**国家財政が破綻する可能性が低いのは、トップはカナダで、日本はその次くらいだ。日本がダメなら、カナダ以外の国は全部財政破綻**してしまう。

このように、大事なことは確率で話さないと、単なる「煽《あお》り」になってしまう。天気も地震も確率で論じるわけだから、財政も確率で話すべきなのだ。大した根拠もなく破綻の危機を煽って数字も示さないのは、悪質なプロパガンダでしかない。

各国の財政事情を比べてみると……

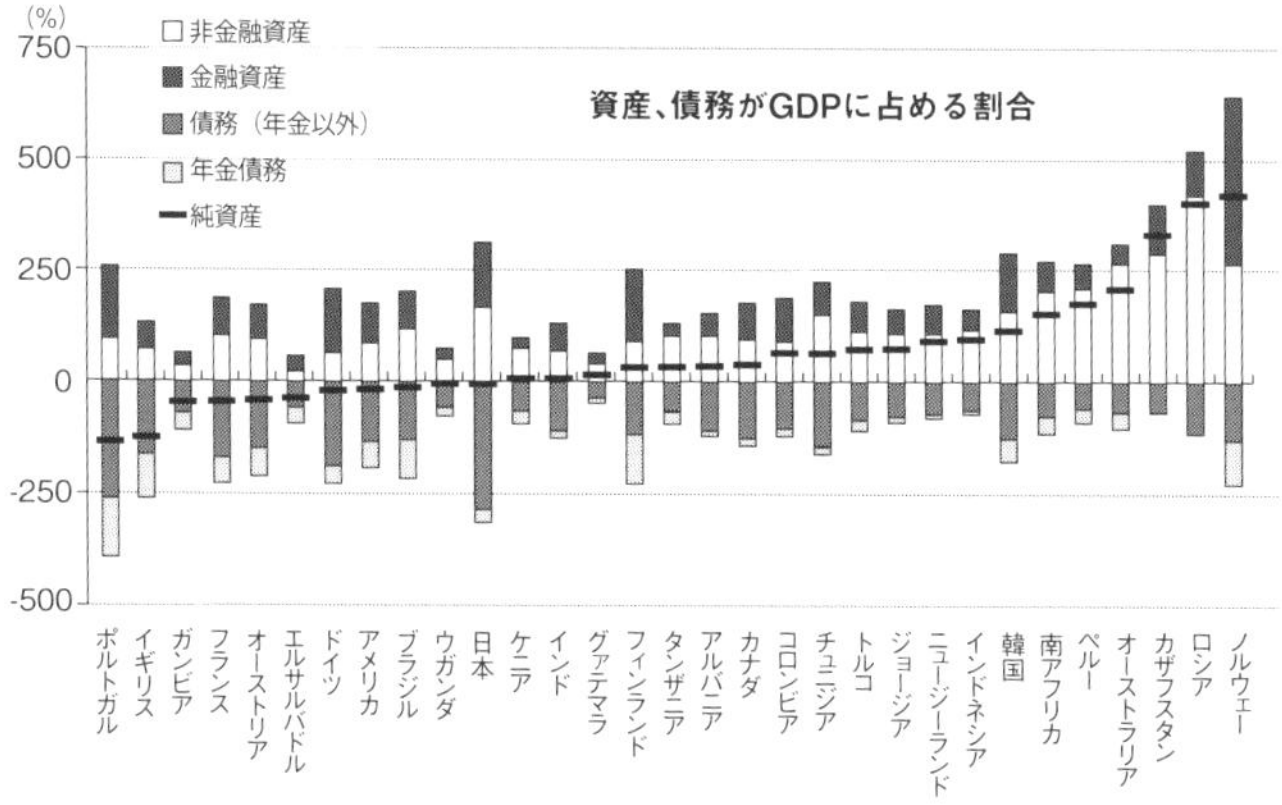

資料：IMF

上に示したＩＭＦのデータからも明らかなように、日本は債務と資産がほぼ同じくらいあるから、負債の額はまず問題にならない。「借金が多いから問題だ！」と言うが、バランスシートで見れば、日本の財政事情が悪くないことはすぐわかる。

私は原氏との討論の場で、ＩＭＦが発表しているこの図を示したうえで、「財政破綻のリスクは5年以内で1％程度」と断言した。そのうえで、原氏に「破綻は確率現象ですから、どのくらいのスパンでどうなるかと言ってください」と促すと、

「あの、いや、そ、それはハッキリ言えない、というのは、つまり経済政策とか経済学というのは物理学と違って、万有引力でリンゴは必ず

落ちます、ということは言えないんですよ。だから、あのう、こうなる確率があります、こうなるリスクがありますというのは申し上げられるけど、私がハッキリ、いつ破綻するとは言えませんよ」

というトホホな回答。要は、「わからない」わけだ。**「リスク」というのは確率現象の話なのに、リスクという言葉を使いながら確率を明示できないというのは奇怪な話**である。これでは議論にならないと言うと、原氏は、「髙橋さんの言うように、5年、10年では破綻しないかもしれません」と言いながら、「でも、破綻のマグマは溜まっている」とのこと。まったくワケがわからない。**財政の前に持論が破綻してどうする、という話**だ。

それでも、原氏は後日、自身のツイッターに、私の論法について、「都合のいいデータと数字、解釈だけ持ち出して議論してくるのにはうんざり」と投稿。これに対し、さすが私の出演番組の視聴者の方々は、どちらに説得力があるのかわかっておられるようで、

「どの数字が都合の良い数字なのか、具体的に言わないと議論になりませんよ?」

「髙橋先生が都合のいい数字を出しているというのなら、あなたも都合のいい数字を出して反論すればよかったのでは?」

「髙橋先生は話し方も歩き方もポテポテしていて可愛い」

といった具合に、原氏のツイッターには、彼が数字を出して反論しなかったことに対する批判が相次いだ（最後の意見はホメ殺しかもしれないが……）。数字で語れないというのは、まったく惨めなものである。申し訳ないが、瞬殺だ。

いまさら大新聞の権威を笠に着て発信しても、これまでのようには通用しない。本当のことが知りたいと思えば、誰もがネットで検索して調べることができてしまう。

この例でわかるように、**数字で話さないバカはすぐに見抜かれる。**いくら確率の話をしても、数字を出さなければお話にならない。そういう意味で言うと、確率がわからない人は、私から見ると数を数えられない人に近い。「ない」か「たくさんか」では、アバウトすぎて話にならない。原氏のなかでは、**朝日新聞の倒産リスクは一体どれくらいなのだろうか。**ぜひ聞いてみたい。

トドメの一撃!

天気予報で降水確率0％と言っているのに、「傘を持ってけ！」と言われたらあなたはどう思う？

02

「MMT」の中身

バカの論

MMTいいですよね。
自国通貨建ての場合、
いくら借金しても問題ないわけだし。

教授の正論

**まずは、いくらでも
借金していいという
数式を見せてくれ。
でなきゃ、中身ゼロ！**

いま、「MMT」（Modern Monetary Theory＝現代貨幣理論）という考え方が注目を集めている。アメリカで将来の大統領候補ともいわれる気鋭の政治家、オカシオコルテス下院議員が支持を表明したことで、がぜん脚光を浴びた理論だ。最近では日本でも関心が高まり、自民党の若手議員らの財政の勉強会でも取り上げられたという。

その主張を要約すれば、独自の通貨を持つ国の場合、政府は通貨を際限なく発行できるのでデフォルトに陥ることはない。つまり、**政府債務残高がどれだけ増加しても問題はないという考え**だ。

私を含めリフレ派といわれる学者とMMT論者の主張は似ているといわれるので、MMT関連の論文を読んでみたのだが、雰囲気だけの記述だらけで数式モデルはゼロ。具体的な道筋がないのに結論が提示されているため、キツネにつままれたような気分になる。

本来、**経済理論とは、誤解が生じないよう数式モデルで構成される。**一般の人からすれば数式がないことなどどうでもいいだろうが、専門家にしてみれば大問題である。

たとえば、GPSを使ったカーナビシステムでは、実はアインシュタインの相対性理論を用いて、常に正確な現在地情報などについて補正が加えられている。こうしたシステムを構築する場合、相対性理論に関する数式なしで成立させるのは不可能なのだ。同様に、

ＭＭＴに数式がない以上、定量的な分析ができないから、政策決定には役立たない。

ＭＭＴはアメリカの経済学者から「批判されている」と言われるが、ニューヨーク市立大学大学院のクルーグマン教授やバーナンキ元ＦＲＢ議長などは「何を言っているかわからん」と述べているだけで、批判というレベルにすら達していない。私も両氏と同じく、ＭＭＴに対しては、賛同どころか具体的な批判すらできないというのが正直な感想だ。

ただ、ひとつ言えることは、**ＭＭＴ論者の主張はリフレ派と違ってかなり「雑」**だということ。たとえば、日本におけるＭＭＴの勉強会で、講師が「政府の借金が５０００兆円になっても問題ない」と発言したという報道があるが、これは経済学的には暴論だ。

リフレ派の数式モデルでは、仮に政府の債務が５０００兆円になるとインフレ率が１０００％程度になってしまう。別のＭＭＴ論者にこのことを指摘すると、「インフレになるまで借金をするという意味だ」と言っていたが、**仮にインフレ目標２％以内という条件で財政支出をすれば、政府の借金が５０００兆円になるまでは数十年を要するので、あまりに数字が非現実的**すぎる。

一方リフレ派は、経済学者であれば誰でも理解可能なように、数式モデルを用意してきた。その数式モデルは、①ワルラス式、②統合政府、③インフレ目標で構成されている。

わからなくていいが一応数式を提示しよう！

ワルラス法則とミクロ主体予算制約式

P1：財価格、y：財供給、C：財消費、r：債券利回り、P2：債券価格、b：家計保有債券、bf：企業保有債券、bc：政府保有債券、W：賃金、ls：労働供給、ld：労働需要、MS：マネー供給、MD：マネー需要、S：通貨発行益

家計の予算制約式は、

W(t)*ls(t)+(1+r(t))*P2(t)*b(t-1)+MD(t-1)+S(t)=P1(t)*c(t)+MD(t)+P2(t)*b(t)

企業の予算制約式は、

P1(t)*y(t)=r(t)*P2(t)*bf(t-1)+W(t)*ld(t)

政府の予算制約式は、

MS(t)+MS(t-1)+r(t)*P2(t)*bc(t-1)=S(t)+P2(t)*(bc(t)-bc(t-1))

となる。

MD(t-1)=MS(t-1), bf(t-1)+bc(t-1)

が常に成り立つので、

P1(t)*(y(t)-c(t))+P2(t)*(b(t-1)-b(t))+P2(t)*(bc(t-1)-bc(t))+W(t)*(ls(t)-ld(t))
=MD(t)-MS(t)

となる。

上図は、そのなかからの抜粋で、リフレ論の理論的基礎である。数式に不慣れな人からするとワケがわからないだろう。ただし、言葉で説明してしまえば意外と単純だ。

マネー量と物価の関係は、経済学では「貨幣数量理論」として知られている。それはつまり、マネーと財・サービス等の関係において、マネーが少なければマネーの超過需要になるが、それは同時に財・サービス等の超過供給になるということだ。

財・サービス等の超過供給が起こるということは、モノがあふれてモノの値段が下がるデフレ状態に陥っているという

こと。これが「ワルラスの法則」だ。

このワルラスの法則の原理についてかいつまんで説明をすると、マネーを発行するとシニョレッジ（通貨発行益）が政府・中央銀行に発生し、これが物価を上げ下げさせる。**マネーが少ないと物価は下がり、多いと物価が上がる**のだ。

要するに前のページにある数式は、マネーの超過供給は通貨発行益を経由して、財の超過需要を生み出している、ということを意味している。つまり、**金融政策と財政政策の合わせ技によって、より効果的に需要が生み出される**ということだ。もっとも、この議論自体は従来のケインズ経済学と同じものである。

次に統合政府だが、リフレ論では政府と日銀をふたつ合わせて「政府」としている。中央銀行を政府の子会社として一体化してみるというのは、世界のどこでも行われていることだ。この統合政府で経済政策を考えると、政府が持っている国債を中央銀行がどんどん買うと、銀行券が多くなって国債が少なくなる。

統合政府の負債は銀行券と国債だから、中央銀行が国債を買えばこの比率が変わって、銀行券が増えるということだ。銀行券が増えるとインフレになるが、③のインフレ目標までに達していなければ財政赤字は、いくらでも大丈夫。ただし、インフレ目標を超えてもお札を刷り続ければ、当然、強烈なインフレを招く。

とりわけ日本では、数式モデルがないのでどうして結論が出てくるのかがわからないMMTの主張と、リフレ派の主張がしばしば混同される。実際、日本のMMT論者のひとりは、自分たちの考えを数式モデルで書けば、リフレ派と同じになると言ったという。

それなら、わざわざMMTを名乗ることはないのではないか。学問においては、**あるモデル体系で出てくる答えが既存のものとまったく同じ場合、いくらそれを新理論だと主張しても、「違うよ。そういうのはパクリっつーの」と言われて終わり**である。

もちろん、ぜんぜん違う答えが出てくるのであれば聞いてみたいが、どうも主張の大枠はリフレ派の言っていることをテキトーに言い換えた感じの話ばかりだ。これでは、まったく議論にならない。繰り返し言う。**MMTをロジカルに考えて出てくる答えは「バカ」ではない。「雑」のひと言に尽きる。**

トドメの一撃！

MMTにはインフレ目標の概念がないなど、雑な印象しかない。リフレと同じ数式があるなら、ハッキリ出してほしい！

03

正規、非正規雇用の真の違い

バカの論

非正規が増えている！
政府が何とかしろ！

教授の
正論

**そもそも、
「正規のほうがエライ」
という風潮が問題だろ。**

日本は世界に比べて、ことのほか雇用の「正規」と「非正規」を峻別したがる。そのうえで、「非正規労働が多いのは、経済政策が間違っているからだ」などという批判が飛び交う。だが、残念ながら、この論自体が間違いである。

非正規労働が増えているのは、雇用全体が増えているからだ。政府としては雇用を創出すれば経済政策としては及第点で、非正規が多いからダメという批判はあたらない。

非正規雇用が問題視されるのは、給与水準が低かったり、安定性に欠けるからだろうが、**労働関係法の改正施行により、2020年4月からさらに均等待遇が徹底される。ひと言で言えば、非正規雇用のデメリットがほぼなくなる**ということだ。

同一労働同一賃金ということになれば、より働き方の自由度は増す。会社に縛られたくない人は進んで非正規で働こうとするし、腰を据えて同じ職場で働きたい人は正規になろうとする。非正規の「非」の部分がネガティブにとらえられてきたが、均等扱いとなれば誰も文句をつけられないだろう。

そもそも、**非正規が多いことを問題視するのは、「正規のほうがエライ」という既成概念があるから**ではないか。しかし実際には、進んで非正規を選ぶ人も多い。

たとえば、高齢者になると、正規で働くのは思いのほかキツイ。非正規で週2回か3回

正規、非正規は労働の自由さの違い！

〈正規の職員・従業員の推移〉

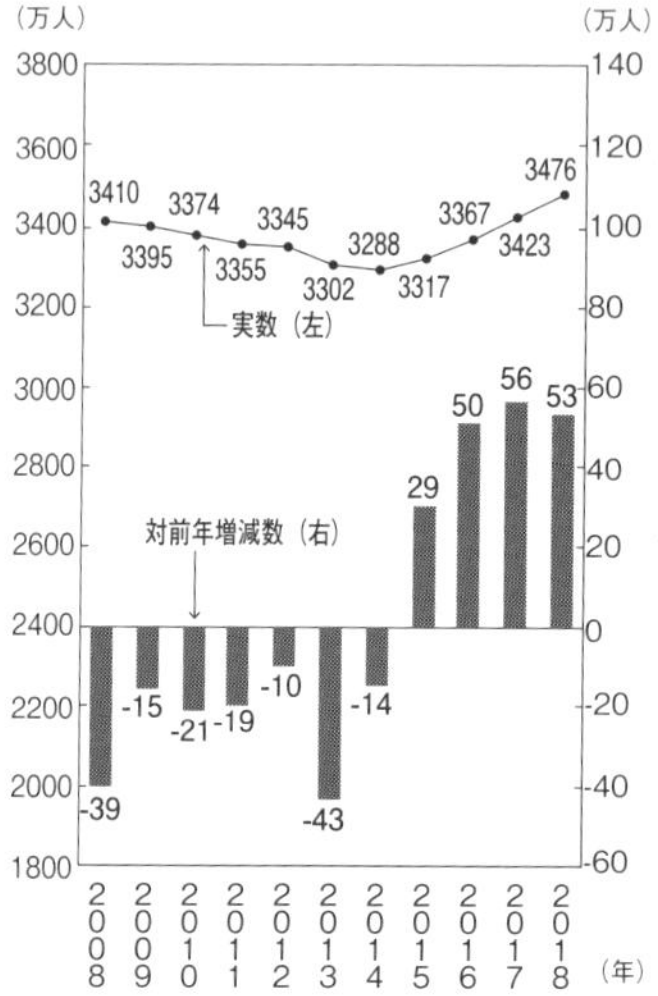

〈非正規の職員・従業員の推移〉

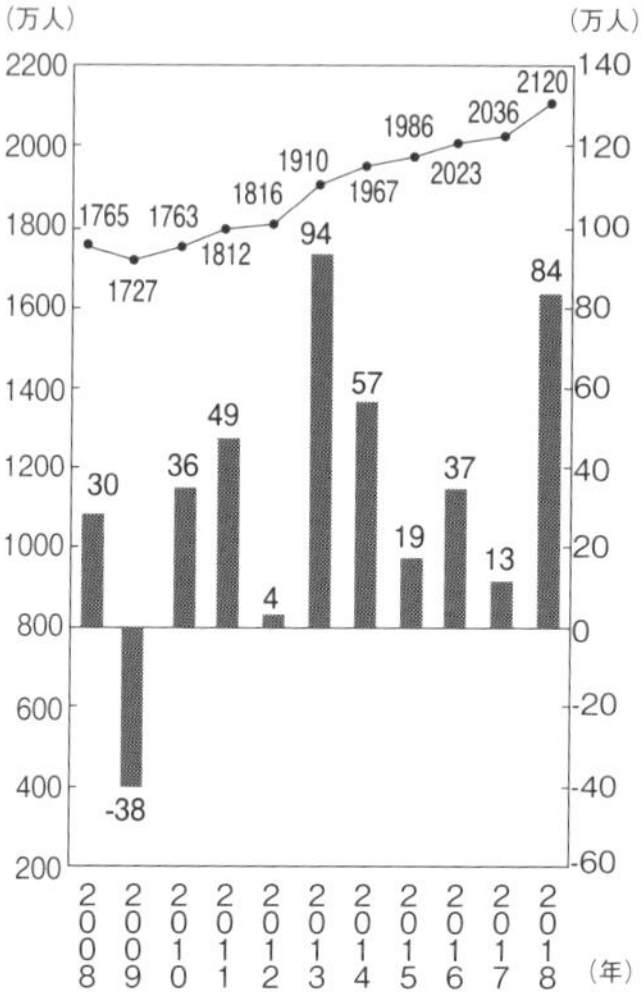

・現職の雇用形態についた
主な理由で多いものをみると

男性（非正規の職員・従業員669万人）

「自分の都合のよい時間に働きたいから」

……171万人（27.7%）と14万人増加

「正規の職員・従業員の仕事がないから」

……127万人（20.6%）と７万人減少

女性（非正規の職員・従業員1451 万人）

「自分の都合のよい時間に働きたいから」

……427万人（30.9%）と44万人増加

「家計の補助・学費等を得たいから」

………312万人（22.5%）と18万人減少

資料：労働力調査（詳細集計）平成30年（2018年）平均（速報）

でいい、という人のほうが多いだろう。正規だと5日も会社に行かなければならないし、会社のほうも「週5日、来てもらってもやることないんだよなあ」となる。双方のニーズが「非正規」という立場で一致するなら、それで問題ないのではないか。

前ページで示した図を見ても、**「自分の都合のよい時間に働きたいから」という人が増えている。**正規の働き口が見つからずに非正規をしているという人もいるにはいるが、その数は減っているので、自ら進んで非正規を選んでいる人が多いことがうかがい知れる。自由に働くという選択肢があるのは、何ら悪いことではない。

非正規雇用が多いことを問題視しているメディアは、この結果をどう考えるのだろうか。そもそもそういう**メディアこそ、非正規のライターに記事を書かせている**のだからバカバカしい限りだ。本当に非正規が問題だと思うのならば、まずは、自らの誌面作りから改革していかなければフェアではない気がするのだが……。

トドメの一撃!

高齢者にとって「正規」は、かえってキツイということも。自由に働き方を選べるのだから、あとはその人の好みだ。

04

対米外交の成否

バカの論

安倍首相がトランプ大統領とゴルフ……。
しかもカートの運転をするなんて、
本当に国辱ものだ！

教授の正論

ゴルフを遊びだと思ったら大間違い！
カートを運転するのも、接待だから当たり前なの！

安倍首相とアメリカのトランプ大統領の関係は緊密だ。安倍氏とトランプ氏の電話会談は、外務省が発表したものだけを見ても、これまでの日米首脳の誰よりも多い。そのほか、**外務省を通さないで直接トランプ氏から電話がかかってくることもあるらしい。**

通常、後々トラブルになると問題なので、電話となれば外務省から通訳を呼ぶ。だが、それをいちいちやるのが面倒なほど電話が多いため、簡単な話は安倍・トランプ両氏の間で済ませていることもあるのだという。

私がその場にいるわけではないので、どんな話をしているのかはわからないが、とにかく電話が多いことは確からしい。**公式発表はないが、1日に複数回の電話連絡を取り合うこともある**と耳にしたことがある。

これまでになく緊密な日米関係は、各国首脳がうらやむほどだ。共通の趣味であるゴルフも複数回プレーしているが、この光景には、ゴルフは腐敗の温床になるとして禁止令を出した中国の習近平国家主席も、複雑な思いで見つめているに違いない。

ところが、やはりというべきか、朝日新聞がゴルフ外交に難グセをつけた。「朝日新聞霞クラブ」という、朝日新聞の外交・防衛取材班が、ツイッターにゴルフのカートに乗った安倍首相とトランプ大統領の写真を載せて、

「とうとうトランプ大統領の運転手に。。。　いやいや、きっと深い外交の話をされているのでしょう」

と皮肉を込めて書いたのだ。

いくらなんでもバカ丸出しだ。

ゴルフのカートを運転するのは、ゲストをエスコートする人の役割である。日本でやるなら安倍首相が運転するのは当たり前で、安倍氏の訪米時には、もちろんトランプ氏が運転をしている。このときの写真が、朝日新聞にも掲載されているのを忘れたのだろうか。

「霞クラブ」は、朝日新聞の外交・防衛取材班の呼称で、ツイッターの紹介文にはなぜか「投稿内容は必ずしも朝日新聞を代表するものではありません」とある。おそらく、「社の規側がどうとかデスクを通すなどといった面倒なことは抜きに、気軽につぶやいているだけですよ……」というエクスキューズなのだろう。

だが、そうは言っても「朝日新聞霞クラブ」という名前でつぶやいている以上、朝日新聞の思想の一端だと思われても文句は言えまい。先ほどのツイートも、軽妙な文面なだけに、余計に「安倍憎し」の気配がむんむんと漂ってくる。

事実うんぬん以前に、「アメリカ追従」という〝色眼鏡〟を通してしか物事をとらえられない。だから、新聞社のいち組織としては、どうしようもないツイートをしてしまう。「安倍首相を貶めたい」という思いから物事のある一点だけを見ると、どうにでもイチャモンがつけられる。たとえば、**安倍首相とトランプ大統領が、会談で腕が波打つくらい力強く握手したとしよう。これを普通の視点で言えば「ふたりの仲は親密」となる。ところが、邪悪な視点から見れば「トランプに手を振り回される安倍」となる**のだ。

しかも、単なる私人が勝手にそう思っているのならまだしも、「公正中立」をうたう大新聞の記者が、こんなプロパガンダを日々行っているというのは、誠に罪深い。

大事なお金を支払ってまでこんなバカな記事を読む価値は、果たしてどれだけあるのだろうか。

大統領とのゴルフを揶揄する声は、メディアにもネットにも少なくないが、そもそも安倍首相が「ゴルフ外交」できることの意味を考えてみたほうがいい。まず戦後、日本の首相でアメリカ大統領とゴルフをしたのは、安倍氏の祖父・岸信介氏とアイゼンハワー氏の1回だけしかない。その点、安倍首相とトランプはこれまで5回もゴルフをしている。この記録は、今後なかなか破られることはないだろう。

それでもなお、「回数がなんだ、ゴルフは遊びだろう！」という人もいるかもしれないが、アメリカ人のゴルフは、日本の接待ゴルフとは感覚がまったく違う。**アメリカ人は、ビジネスランチは比較的誰とでも行うが、ゴルフは基本的に好きな人としかやらない。**裏を返せば、アメリカ人がゴルフをするのは、その相手に好意を持っている証しだともいえる。岸首相とゴルフをしたアイゼンハワー氏も、「大統領になるとイヤなヤツともテーブルを囲まねばならないが、ゴルフは好きなヤツとしかできない」と語ったという。

むろん、実務面から見ても、ゴルフというのは大統領と長時間話ができるというメリットがある。ゴルフは18ホールで3時間程度かかるからこそ、外交の場として利用すれば非常に濃密な話ができるわけだ。もちろん通訳やSPも同行するし、プロの選手と一緒に回ることもあるが、ふたりきりになるチャンスも意外と多い。

アメリカ大統領を相手に十分な時間をとるのは至難の業で、従来の日本の首相クラスでは、首脳会談で1時間とれればいいほうだった。

ところが安倍首相はといえば、2017年2月は27ホール（フロリダ）、2017年11月は9ホール（埼玉）、2018年4月は18ホール（フロリダ）、2019年4月は18ホール（ワシントン）、2019年5月は16ホール（千葉）……とこれまで計88ホールも、トランプ大統領とゴルフをプレーしている。

これだけで、**アメリカ大統領との会談時間を15時間ほど獲得**したことになる。韓国の文《ムン》在寅《ジェイン》大統領が、わざわざアメリカまで出向きながら、トランプ大統領との会談の時間がたった2分しかとれなかったのとは、まさに雲泥の差だ。

このゴルフ外交の効果は、いろいろなところで表れている。たとえば拉致問題についてみても、トランプ大統領は歴代大統領のなかでも一番といっていいほど熱心になって、北朝鮮に圧力をかけている。貿易摩擦でも、米中間の対立はガチンコ勝負の真っ最中なのに、日米はいまだに大きな問題にはなっていない。これは、これまでだったら日本に向かっていた矛先が、中国に向けられることになったという大きな得点だろう。

揶揄したり批判したりするのも結構だが、主義主張や思い込みから物事を見ると、事の本質を見誤ることが多い。やはり**ロジカルに評価すべきところは評価し、批判すべきは批判するという姿勢でないと、単なる〝思い込みバカ〟になってしまう**から注意が必要だ。

トドメの一撃!

色眼鏡で見るから白いものも真っ黒に見える。アメリカ大統領と「遊べる」ことの重要性を考えよ!

05

隣国との正しい付き合い方

バカの論

韓国はイチャモンばかりで
ケシカラン。
国交断絶だ！

教授の正論

カッとなったら、
あっちと一緒。
それより、きわめて効果的な
“お仕置き”を教えよう！

韓国は、「日本は悪い国」という思い込みを国ぐるみでやっている特異な国だ。まさか**韓国国民の全部が本気で日本が悪だと思っていないだろうが、現政権がこれまでの政府に輪をかけて反日なのだから始末に負えない**。

最近、笑わせてもらったのが旭日旗の件だ。

韓国政府は2018年10月、済州島における国際観艦式で、旭日旗掲揚の自粛を日本政府に求めたため、日本は参加しなかった。旭日旗を掲げなかったら国籍不明の船になってしまうため、参加しなかったのは当然である。

日本の外務省はホームページで「旭日旗は日本国内で長い間広く使用されている」と日本文化としての旗であると説明し、海上自衛隊の艦旗と陸上自衛隊の隊旗として、自衛隊法施行令により用いられていることを日本語と英語で表記した。

これに対し、韓国外務省は「旭日旗が、過去の軍国主義と帝国主義の象徴だと周辺国に認識されている点は、日本側もよく知っているはずだ」と批判。韓国メディアも、朝鮮日報が「事実歪曲」と報じ、聯合ニュースが「『戦犯旗』を広報」、中央日報が「旭日旗使用の正当化の主張を組織的、意図的に強化」などと反発している。

ところが、2019年4月に中国・山東省青島海域で行われた観艦式には、海自護衛艦が旭日旗を掲げ参加した。つまり、韓国の当局者は「旭日旗が過去の軍国主義と帝国主義の象徴だと周辺国に認識されている」というが、「周辺国」というのは実は韓国だけなのだ。

韓国国民も、「戦犯の旗」だとする旭日旗そのものを忌避するだけでなく、似たようなデザインのものも「ケシカラン」ということで、サムスン電子がスマートウォッチ用に販売した旭日旗模様の背景画面が販売中止に追い込まれたり、コンビニ弁当のおかずに太陽に似たシールが貼ってあることなども騒動になっている。

さすがに、こんな話をしだしたらキリがないと思わないのだろうか。**太陽の絵などは、どこにでもあるし、それがダメなら韓国国旗（太極旗）だって怪しくなってくる**というものだ。正直言って韓国は、一体どこまでマジでやっているのか、まったくつかめない国になってしまった。

このように最近の韓国関連ニュースは笑ってしまうようなものばかりで、本気で相手にするのもバカバカしいが、国家としては黙認できない。韓国に国際ルールにのっとった国になってもらうには、やはり多少なりともお灸《きゅう》をすえないといけないだろう。

こう言うと、すぐ**「断交だ！」**と大変勇ましい意見を言う人がいるが、**売り言葉に買い言葉では相手と同じ土俵に乗ってしまっているようでスマートではない。**もっと、いい方法がある。

国際的な制裁措置を考える場合、着目すべきは「ヒト・モノ・カネ」のなかで、どれを締めるのが一番現実的であるか、だ。

「ヒト」の話でいくと、ビザ発給停止の話などがすぐ俎上《そじょう》に載せられるが、往来を禁止するのは非常に骨が折れる。もちろん断交などは非現実的で、韓国から日本が好きで旅行に来る人はたくさんいるし、日本から韓国に遊びに行く人も大勢いる。それらも全部ダメというのは、いくらなんでも酷な話だ。

ビジネスに直結するから、「モノ」も難しい。関税をかけるという手もあるが、セーフガード（緊急関税）というのは輸入量が増えたときにかけるもので、WTOに「輸入量が増えていないのになぜやった？」と、言われる恐れがあるからできない。

戦略物資（安全保障上または戦争遂行上不可欠な物資・資源）の輸出制限なら理論上は可能だ、という考え方もあるにはある。実際、自民党の部会では、産業用の素材の輸出を停止したらどうかという話も出ていた。だが、これは可能であるにしても、実際に輸出している企業の当事者からしたらたまらない。無論、輸出禁止にされた企業に大きな影響が出てくるので現実的ではないだろう。

そうなると、**一番簡単なのが「カネ」**ということになる。

日韓でお金の話となると通貨スワップを思い浮かべる向きも多いだろうが、それよりも韓国に対する与信のリスクウェイトを高める方法のほうが簡単だ。

ただし、これを新規立法化するのは、きわめて困難だろう。そうすると、既存の法律の枠内での措置となる。私は官僚のときに扱ったことがあるから知っているが、こういう場合は外為法（外国為替及び外国貿易法）が有効だ。

外為法16条に、「国際約束を誠実に履行するため必要があると認めるとき、（中略）当該支払い又は支払等について、許可を受ける義務を課することができる」とある。これを使って、韓国への直接投資規制を行うのが一番シンプルだ。それと似た効果があるものとして、金融庁の課長レベルの行政措置で、韓国向け融資のリスクウエイトを高める方法もある。こちらは、さらに手続きが簡単だ。いずれにせよ、**国際紛争の場合に、外為法が使われるのは定番だ。ターゲットを絞って行うので、一般の人への影響はほとんどない。**

外為法を使うと、韓国のカントリーリスクが高まる。投資家は韓国に投資すると危ないと考え、その結果、韓国にお金が集まりにくくなる。韓国に投資したのに、向こうの都合で訴えられでもしたら大変なリスクだが、日本企業は現実にこうした目にあっている。この現実を世界に向かってガンガン発信して、韓国に投資するのはヤバいと思わせるわけだ。こんなことが世界に拡散されると、韓国が外から調達するときにレートが高まるから、かなり深刻な事態となる。

日本からすれば、特別に数字を操作する必要などなく、「韓国と付き合うと、いきなり訴訟を起こされたりするから危ないですよ」と言うだけだ。**言うだけタダ、コストがかからないというのがいい。**

もっとも、イチャモンばかりつけてくる韓国にイヤ気がさして、経団連も韓国への直接投資を控え始めている。だから、このまま放っておいてもいいのだが、外為法を用いて「やるぞ」という気概を見せれば、効果は倍増する。

お金に絞って制裁を科すという手は、日本は傷つかずに韓国だけにダメージがあるという点で、非常に合理的なのだ。

トドメの一撃!

国際紛争が起きたら、外為法による制裁を!
ターゲットをカネに絞れば、ダメージは相手のみ!

06

ブレグジットの真相

バカの論

移民とかがイヤだから、
よその国のことですが
「ブレグジット」は大賛成です！

**別にどんな考えでも
かまわないけど、そもそも、
ブレグジットのメリットと
リスクを考えたことある？**

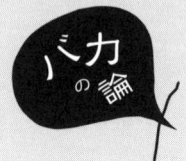

人間、生きていれば思い込みや勘違いから、物事が思わぬ方向へ行くことなど、誰もが経験したことあるだろう。ところが、これが国家レベルで起こると、とんでもないことを引き起こしてしまう。その典型例が「ブレグジット」、つまりイギリスのEU離脱だ。

2016年に、国民投票によりイギリスがEUから離脱することが決まったが、どうして国民投票が行われることになったのか、覚えている人は少ないのではないか。

そこでもう一度、ブレグジットがどうして、こんなにも大騒動になってしまったのか、おさらいしておこう。

そもそも、国民投票の実施が決まったのが2013年のこと。EUの東方拡大などで増加した移民の制限、またEUによるさまざまな規制への反対を求める声が高まり、国民投票を行うこととなったのだ。

ところが当時の首相、デイビッド・キャメロン氏は離脱については反対だった。そのキャメロン氏が国民投票に踏み切った理由は、離脱反対の声が上回ると考えたからだ。

そして、**国民投票の結果を「ほら見たことか、離脱反対派のほうが多いだろ」と見せつけることで、自分の政権運営にプラスにしようと考えたのだが、これが大間違いのもと。**結果はキャメロン氏の想定とは逆に出て、政権基盤の強化どころか退陣せざるを得なくなってしまったのだ。

票を読み間違えたにしてもお粗末だが、**少しでも負ける可能性があるのに、国民投票などをやってしまった。これが、バカげた結果を呼び寄せた**のだ。国民投票がなければブレグジットもなかったし、キャメロン氏が首相を辞める必要もなかっただろう。ところが、自分の権力強化にばかり目が行き、圧勝すると思い込んでしまったため、「バカ」をやってしまったわけだ。

まあ、誰にでも読み違いというのはある。そう、こんな経済的なダメージを食らう選択を、国民がするはずはない……。すべては、この勘違いから始まったのだ。

実はEUに加盟しながら単一通貨のユーロを採用していないというのが、イギリスのアドバンテージだった。なぜなら**自国の通貨を発行する権利を持ちながら、自由貿易の恩恵も受けられた**のだ。しかし、そのポジションをイギリス自ら手放してしまった。

イギリス国民が離脱を選択したのは、前述のように「移民が押し寄せてくる」と考えたことに一因があるだろう。しかし、これは諸刃の剣で、EUを離脱すると、人の出入りが制限されるから、移民は入ってこなくなるかもしれないが、同時に必要な人材の入国もハードルが高くなる。そうなれば、製造業や金融業はガタガタになってしまう。欧州の金融のメッカであるシティも、EUという巨大経済圏に入っていたからこそ、世界の金融の中心として君臨できた部分もあるが、抜けてしまえば存在感の低下は避けられない。

もちろん、イギリス政府は国民投票の前から、EUを離脱した場合、GDPが落ち込むことを知っていた。しかし、ご存じの通り、国民投票の結果を受け2017年3月、イギリス政府はEUに対して離脱を通告。そして、2年を経てEU離脱を決めたのだ。

ただし、EUとイギリスの間で話し合いがうまくいけば、2019年の3月からまた2年程度は暫定期間を設けられることになっている。そうなれば、当初の予測通り経済は落ち込むにしても、そのスピードは段階的になると思われたが、イギリス議会が離脱案を否定。つまり、話し合いがなされない、「合意なき離脱」が現実味を帯びてきたのだ。

合意なき離脱になった場合のGDPの落ち込みについては、さまざまな機関が計算している。減少幅はそれぞれ、イギリス政府では8〜10・7%、イングランド銀行は3〜8%、IMFは5〜8%と試算している。いずれも強烈な落ち込みだ。

これらはおおむね、離脱までの交渉期間を折り込んで試算した数字よりも2倍以上減少している。これで国が混乱しないほうがおかしい。

決まりでは、EUの全加盟国が承認すればブレグジット延期も可能になっているため、これをもって結局はソフトランディングになるのではないかという見方もある。「合意なき離脱」ではEU全体に及ぼす影響も甚大なものになるということから、なんとかEU加盟国全体で合意されるのではないか、というのだ。

しかし、このストーリーは多分に願望が込められている印象だ。これまで「合意なき離脱でやむなし」と考えていた人が意見を変える、しかも全加盟国共通で、という話なのだから、いくらなんでも非現実的だろう。加盟国のなかには、「イギリスはさんざんワガママを言っておいていまさらなんだ」という国もある。つまり、少なからぬ国が、延期反対を主張すると考えるのが自然だ。

人というのは少しでも〝希望の光〟があるとわかると、「さすがに、なんとかなるだろ」と楽観論に流れがちだ。ただ、ここで述べてきたように確率的に見たら「合意なき離脱」になる可能性のほうが圧倒的に高い。テリーザ・メイ首相もキャメロン氏の尻拭いで疲れ果て、ついには辞任を表明する事態となった。

仮に半年程度の交渉期限延長があったとしても、一体どんな進展があるのか不透明だ。一度、「離脱」を通告している以上、また国民投票をやって引っくり返すわけにもいかないだろう。

したがって、いまのところのメインシナリオは、やはり「合意なき離脱」ということになる。イギリスを取り巻く各要素から、ロジカルにそう読むのが自然だ。

こうして、**ソフトランディングする可能性も限りなくゼロに近づいたいま、考えるべきは、確率が高い「合意なき離脱＝ハード・ブレグジット」を想定して、そのときにどう備えるかだ。**こうして動いたほうが、政策の打率は高まる。バカげた楽観論に支配された人はそれができないゆえ、いざというときにあたふたしてしまう。勝てないバクチに打って出たキャメロン氏など、その典型だ。

合意なき離脱になった場合の経済的なダメージは、イギリス本国はもちろん、ＥＵやその他諸外国にまで及ぶ。日本にも当然、影響があるだろうが、そのときにくれぐれも慌てないように、最悪の事態を想定し、そこからとるべき態度をロジカルに導き出す。危機のときこそ、そうしたクール な〝頭〟が必要だ。

トドメの一撃！

根拠のない楽観論に寄りかかるのは非常に危険！
どんなときも、確率の高い結末を想定しながら対策を練るべき！

07

コンビニの24時間営業の未来

バカの論

批判論も最近出てるけど、
やっぱりコンビニは24時間開いてないと、
なんか不便なんだよね。

教授の正論

**人間が働く前提では
あり得ないな。
どうしても
24時間というなら、
無人店舗で十分だろ。**

もともと、セブン-イレブンという名称は、「7時から11時まで営業しています」ということに由来している。ところが、1号店が出店した昭和49（1974）年の翌年には24時間営業の実験を始め、いつしかほとんどの店舗で24時間営業が当たり前になった。

人手不足やら働き方やらで問題が生じているのであれば、原点に戻って、本来の社名であるセブン-イレブン（朝7時〜夜11時）の営業時間にすればいいだけのこと。24時間営業にこだわるのなら、「オールタイム」でも「トゥエンティフォーアワーズ」でもいいから、それなりの名前にしてほしいものだ。そうでないと、名前と実態が一致しない。

なかには深夜に仕事をしているので、夜中にコンビニをよく利用するという人もいるだろうが、大半の人は「朝7時〜夜11時」で大方困らない。しかも、現在でもすべてのセブン-イレブンが24時間営業しているわけではなく、ホテルや官公庁、オフィスビル内の店舗は深夜営業を行っていない。セブン-イレブンの幹部は「それは例外だ」と言うのかもしれないが、その例外を街中にある一般の店舗に拡大すればいいだけの話である。

もちろん、基本的にすべての店舗が24時間営業というのは、企業イメージ的にも重要であることは理解できる。ただ、営業面で見れば、それぞれの店舗に裁量を与えたほうが、利益は最大化するのではないか。

なぜなら、24時間営業するということはコストも24時間分必ずかかるわけで、言わずもがなではあるが、深夜に客がほとんど来ない店舗を短時間営業にすれば、その分のコストも圧縮されるため、収益が高まる可能性があるからだ。

そのあたりのさじ加減は、個々の店舗によって違うはずだ。立地や客層によって、利益を最大化できるポイントはデータを見ればそれなりに予測できるだろう。もちろん、繁華街のど真ん中にあって、24時間お客がひっきりなしに来るのであれば、24時間営業にすればいい。**画一的に24時間営業ということに問題があるのであって、その辺は各店舗に任せるというのが本来の姿**であるはずだ。

一方で、コンビニ独自の配送システムとして、24時間体制で車を回し続けているからこそ、新鮮な品物が供給されるという指摘もある。ただ、それとて全店舗に配送するという〝縛り〟を少し変えればいいだけのこと。ICT（情報通信技術）を使って、配送業者が効率よく商品を供給できるシステムを確立すればいいし、またそのレベルの改革ならさほど大変なことではない。

コンビニ業界において、リアルタイムで在庫管理ができるPOSシステムを最初に導入したのはセブン-イレブンだ。何を仕入れれば一番売上が上がるかが、わかるようになっているのなら、その店舗でどれくらい店を開ければ一番利益が多くなるかもわかってもよさそうなものである。いまはリアルタイムで在庫管理もできる時代なのだから、そのあたりは頭を使って、利用者はもちろん従業員にも納得のいく経営をしていくべきだろう。

どうしても24時間にしたい、というのであれば、無人店舗にしてしまえばいい。無人店舗では物騒だというのであれば、いっそのこと自販機だけの店舗にするのもアリだ。「24時間営業を人間で」と言うからワケがわからなくなるわけで、人間だとせいぜい「セブン-イレブン」しかないと思う。

この手の議論は、**人間を働かせることが前提になっているところに、そもそもの問題がある。**「働き手は人でなければ」という妙な先入観を捨てれば、発想が自由になって面白いアイデアも生まれる。コンビニチェーンの経営者に、いま一番求められるのは、こうした発想力ではないのだろうか。

トドメの一撃!

24時間営業で利益がある店だけ1日中やればいい。技術が発展しているのに40年前と同じ働き方はヘンだ!

08

東京一極集中の是非

バカの論

東京は人多すぎ……。
便利だけど
もっと人減らすべきでしょ。

教授の正論

**だったら、
まず君が地方に
引っ越しなさい。**

東京一極集中というと、とかくネガティブな現象だと思われがちだが、実はメリット、デメリット双方があることを忘れてはならない。それをきちんと峻別せずに、**東京に住んでいる中央省庁の人間が「一極集中は問題ですねえ」などと言うのは、単なるポジショントーク**でしかない。地方に移住してから発言しろよ、という話だ。

個人的な話をすれば、私自身、3代前から東京で暮らす生粋の〝東京人〟だけに、もともと住んでいた土地に「便利だから」という理由で人が集まってくるのは、正直言って迷惑だ。しかし、憲法によって住居移転の自由がある以上、東京に来るなとは言えない。

そこで、一極集中のメリットとデメリットとは何なのか、改めて考えてみよう。

都市の最適な規模に関しては、「ヘンリー・ジョージ定理」が知られている。**都市人口の増加が生産面における集積のメリットをもたらし、集積のデメリットは通勤距離の拡大によってもたらされる**と考える。集積のメリットとデメリットを、人口増などの企業活動と地代から推計して、都市が過大かどうかを判定するというものだ。

ヘンリー・ジョージ定理による経済分析はざっくり言うと、人口増と地価上昇との相関関係がポイントで、人口増が地価上昇に比較して相対的に鈍れば、「都市規模は過大」という判定になる。最近のデータからみれば、東京圏（一都三県）もそろそろ飽和状態にな

人々は東京圏に集まり続ける！

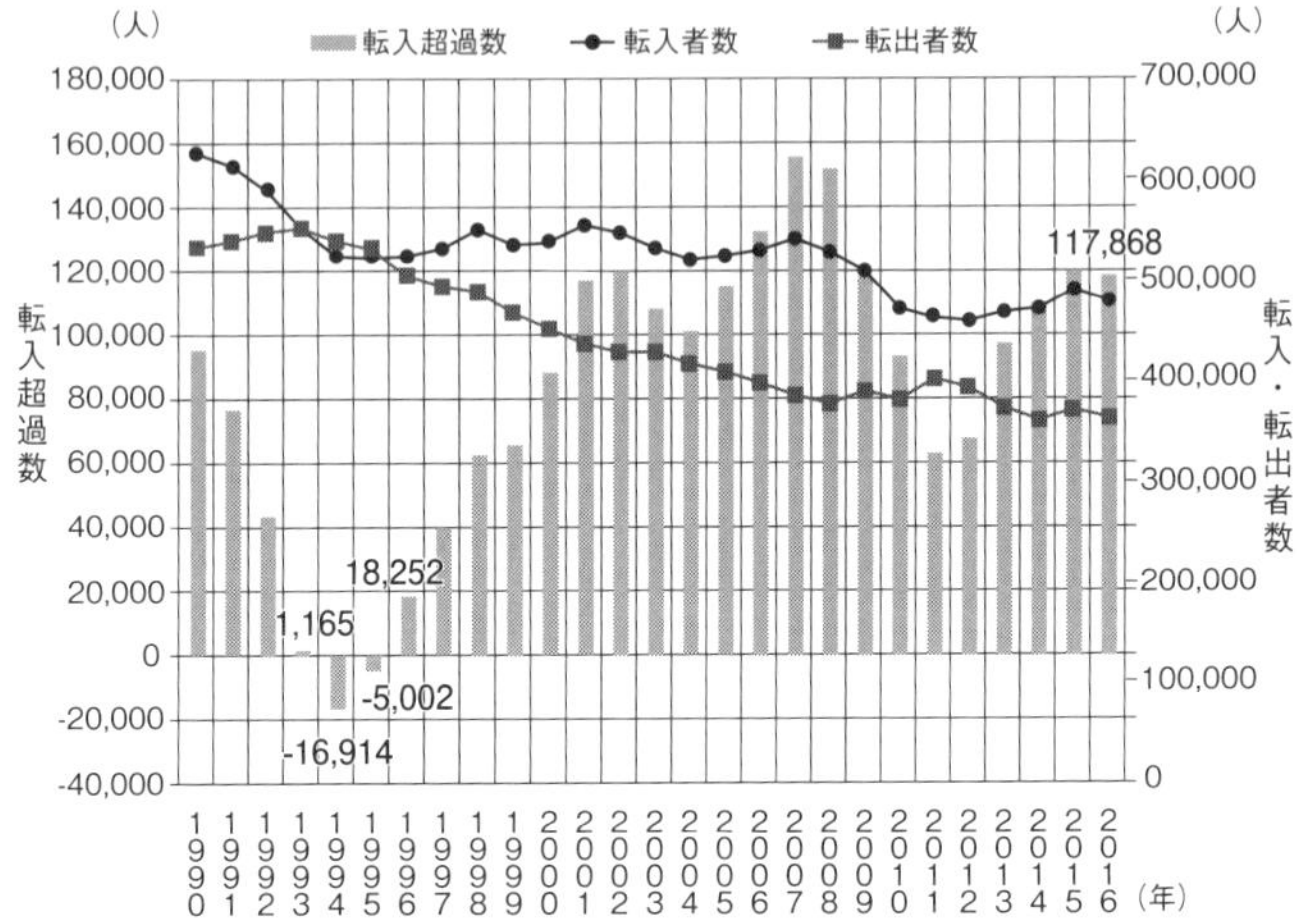

資料：総務省「住居基本台帳人口移動報告」

りつつあるが、それでも、少しでもいい仕事、いい学歴を求める人々の流入は止まっていない。そのために、通勤・通学時間が長くなっても我慢するというわけだ。

つまり、ヘンリー・ジョージ定理によれば、現在の東京は集中によるメリットとデメリットが拮抗しているということになる。実証分析を見ても、90年代の東京一極集中は「過大とはいえない」という分析だったが、2000年代では「断定できない」となっている。

したがって、**少なくとも集中を是正する方向こそ〝絶対〟とはいえない**。

ただし、通勤距離・時間が長くなることのほかにも、自然災害時のリスクが高まることが、デメリットとして挙げられよう。**人口のみならず、政治や金融などさまざまなシステムも〝一極集中〟という現状では、ひとたび大災害が東京を襲えば、日本の心臓部が深刻なダメージを負う**ことになる。

さらに、**一極集中が地方との経済格差の原因にも結果にもなっている。**先に挙げた通勤時間の増加、自然災害リスクというデメリットを減ずることも考えると、地方の経済力を上げるように仕向けるのが政策として最善手になる。そうすれば、**「仕事がないから（仕方なく）東京へ」という状況も変わり、住みたい場所に住めるようになる**だろう。

具体的には、かつての「国土の均衡ある発展」のように、カネをばらまくだけでなく、たとえば道州制導入などにより権限も地方に移譲し、「ヒト・モノ・カネ」をバランスよく分散させるほうが効果的だ。そうなると、たとえ地方であっても、魅力的な政策を打ち出す場所に人も集まるようになる。東京も地方も活性化するだろう。

トドメの一撃!

東京一極集中がダメというのは、官僚の単なるポジショントーク。集積と分散のメリットを得るため、権限の委譲を進めよ!

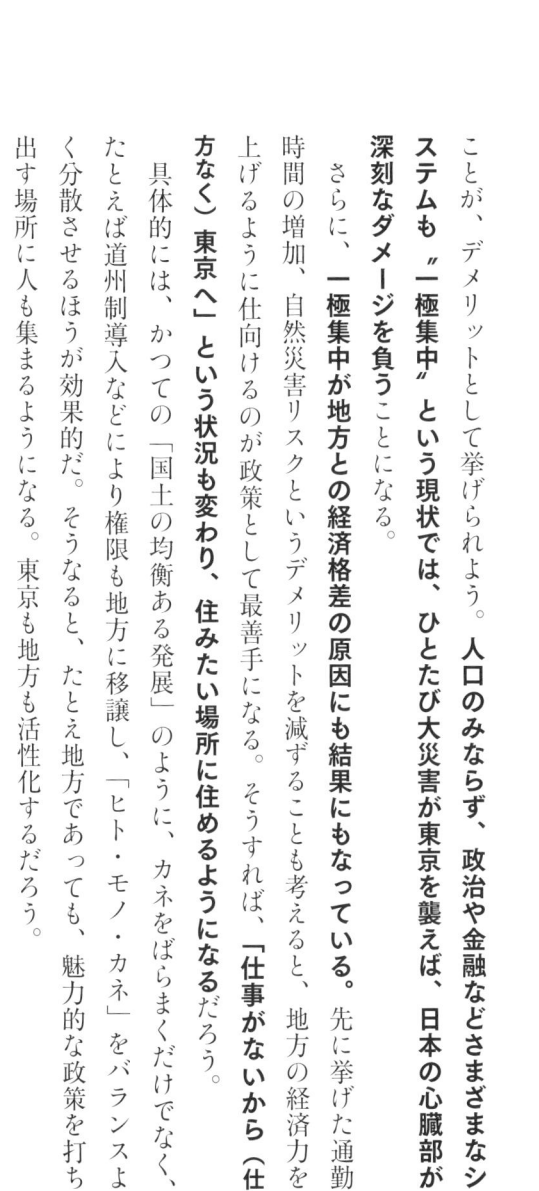

09

2020年のおもてなし問題

バカの論

ネットで切符を買えるなど、
日本の鉄道サービスは、
ますます進化していますね。

**オイオイ、
ツッコミどころ満載だぞ。
そもそもネットで予約したのに、
どうして切符を受け取る
必要があるんだ？**

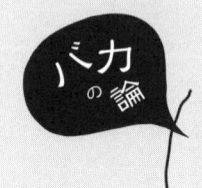

2020年には東京五輪が開催される。ご存知の通り、「オ・モ・テ・ナ・シ」が高く評価され誘致が決まったが、果たして日本の「おもてなし」は、本当に外国人観光客に届くのであろうか。

私が、柄にもなくこんな心配を抱くのは、新幹線で驚きの体験をした話を聞いたからだ。JR東海が提供する、インターネット上での指定券予約システムがある。東海道新幹線のチケットを扱っている「スマートEX」というサービスだ。

ウェブ上で予約ができるというのは便利で、私もよく利用するのだが、どうしても納得いかないことがある。

それは、

「カンタンな登録だけで、すぐに新幹線の予約ができます」

「ご利用まではカンタン3ステップ。スマートフォンやパソコンから、お持ちのクレジットカードと交通系ICカードを登録すれば、すぐに利用可能です」

などとうたっているにもかかわらず、**2人以上のチケットになると、券売機等で発券してもらわなければならない**のだ。1人ならネット予約だけでオーケーなのに、2人以上だと発券が必要となるなど、まったくもって「スマート」ではない。

デジタル化という非常に簡単なことを「バカ」な人間が行うと、目も当てられない結果になるということの典型だ。**発案者から決裁者へと企画が実用化されていくなかで、間違いなくスマートではない人が相当数いた**としか思えない。

イタリアやフランスなどで列車を利用する際は、日本からでもネットでチケットが購入できる。無論、紙のチケットなどない。失礼ながら、イタリアやフランスでもできることが、なぜ日本のJRにできないのだろうか。

そこで、冒頭の疑問に戻る。

こうした世界標準のサービスを提供する体制が整わないまま、2020年を迎えたらどうなるのか。当然、外国人はストレスや不満を感じるだろう。そう、「おもてなし」どころの話ではない。日本人が戸惑うくらいなのだから、間違いなく外国人観光客はワケがわからなくなるはずだ。げんに、東京駅の新幹線改札口横のチケットカウンターには連日、観光客による長蛇の列ができている。

ではなぜ、そんな一見便利そうで、その実超不便なサービスが提供されるのか。海外の場合、切符ではなく乗車賃を払えばいいという概念なので、支払いチェックは列車のなかでするだけだ。一方、日本の鉄道はホームの管理の問題なのだろうが、改札で〝外界〟と駅なかを遮断する。最近は、スイカやパスモなどICカード乗車券を利用する人が大半だが、それでも改札でチェックを行う。つまり、**考え方が基本的に〝切符〟のまま**なのだ。

皮肉を込めて言えば、日本は面白い国だ。確かに新幹線の切符が発券される券売機も〝自動化〟〝IC化〟が進んでいるし、ネット予約も進化してはいる。ただ、切符を前提に駅や旅客の管理をしてうまくいっていた過去の〝成功体験〟がどうしても忘れられず、発想が、その外へとなかなか飛び出さないのだ。駅のなかの〝バカの壁〟もなかなかに高い。

私が思うに、せっかく切符がICカード化したのだから、席の予約から支払いまで、手元のカード1枚で済ませられるのが一番のはずなのだが……。

そうそう、先ほどの「スマートEX」のホームページには、「ゴールデンウィークなどは切符の購入窓口が混みます」といったことが書いてある。「スマート」の看板が泣くだけでは済まない。2020年に向けて、本当に「おもてなし」は大丈夫なのだろうか。

トドメの一撃!

確かに日本の「おもてなし」のレベルは、総じて高いだろう。
だが、豪快に「ガラパゴス化」している部分もある!

第2章

原因と結果の関係をいつも取り違える

10

「経済効果」とは何なのか？

バカの論

阪神が優勝したら、
その経済効果で大阪が
ますます元気になるで！

教授の
正論

**マスコミが数字を盛ることを
まさか知らないのか？
売上と利益の違いが
わからないようなら、
社会人失格だぜ。**

事あるごとに言っていることだが、**言葉の定義というのは重要**だ。同じ言葉を発しても、それぞれが話している言葉の意味が微妙にズレていては議論にならない。討論番組に出演した際、議論がかみ合わないなと感じるのは、だいたい〝ズレ〟が原因だ。

たとえば「経済効果」という言葉も、使う人によって意味が異なる用語だろう。きちんとした意味を知らないまま、「なんとなくこうだろう」というノリで使う人が非常に多い。「五輪の経済効果」「阪神優勝の経済効果」などなど、「経済効果」という言葉を耳にする機会は多いので、聞く側もなんとなくわかった気になっている。一方の言う側も、なんとなくのつもりで「経済効果」と口にする。ところがフタを開けてみたら、実は双方ともに「経済効果」の本当の意味を知らなかったりする。よく見るので、なんとなくわかった気になるような用語はけっこうアブナイ。

先に答えを言ってしまうと、**「経済効果」とは一般的に「所得が増えること」を指す。**所得は、基本的には企業の付加価値額と同じ値で、かつ消費などの合算にもなる（三面等価の原則）。要するに、お金は世の中をグルグル回っているわけだから、結局のところはすべて同じ値になるということだ。

この原則に沿って考えれば、経済効果を計算するために必要なのは、企業の付加価値額を見ること、ということになる。付加価値額は、「産業連関分析」というものを使って見ていく。五輪などでは、どのようなサービスが展開されるかに及んで、どういう業界がどれだけ仕事をして、どれだけ付加価値を生み出すかがわかる。これらを計算した結果を「経済効果」としているのだ。産業連関分析は、総務省や、その他関係省庁のホームページに掲載されているので、興味のある方は検索してみてほしい。

五輪や万博などの大イベントになると、経産省が経済効果を発表していて、その数字もホームページで閲覧できる。ちなみに、**2025年に開催予定の大阪万博の経済効果は、経産省の試算では1兆9000億円**だった。しかし、それではショボいと感じるのか、5兆や6兆という数字を経済効果として報道するマスコミが多い。

調査機関によって出す額が違うのは、付加価値額を発表する場合と、生産額を出す場合があるからだ。要は、利益を発表するのか、売上を発表しているかの違いである。

先述した通り、真面目な経済効果の定義は付加価値額である。役所がやるときは、さすがに生産額をそのまま発表するなどというバカはしない。一方マスコミは、勝手に生産額を経済効果ということにしている。数字がデカイほうがいいと思うのだろう。

五輪や万博などの大イベントでは、経産省や大阪府が付加価値額を出すので経済効果について把握しやすいが、**阪神優勝やAKB48の総選挙などといったイベントの「経済効果」は、ほとんどが生産額だ。誰も検証をしないから、言うほうも適当。実は検証は簡単だが、しないことがお約束**になっている。

冷や水を浴びせるようなことをもうひとつ言うと、阪神優勝の経済効果というが、阪神が優勝しようがしまいが、阪神ファンの可処分所得が一定だったら、甲子園に足を運んだりグッズを買ったりした分（つまり経済効果があった分）可処分所得が減るので、ほかのモノが買えなくなる。だから、**阪神球団の周辺では経済効果があっても、大きな範囲で見たら、プラスとマイナスが相殺されて目立った経済効果はないとも言える**のだ。

さすがに野暮だから、テレビに出てもこんな話はしないのだが、本当のところを言うとマスコミが大騒ぎする経済効果なんてこんなものなのだ。

トドメの一撃！

「経済効果」で重要なのは、あくまで付加価値額。それを知らずに大騒ぎする人の、なんと多いことか。

11
最低賃金のあり方

バカの論

最低賃金を上げれば、
消費が活性化して
景気がよくなる！

教授の
正論

**逆だよ。
景気がよくないときに
最低賃金を上げたら、
さらに景気が悪くなるに
決まってる！**

最低賃金の水準については、「あるべき論」が強調されがちだ。最低賃金が高ければ、その分消費支出が増えるので、経済成長にプラスだという意見もある。

しかし、なんでもかんでも最低賃金を上げればいい、というのは乱暴な議論だ。ざっくり言って、**「経済状況を見ながらゆっくりちょっとずつ上げる」というのが原則**である。そもそも、企業の収益が上がらなければ賃金を上げることはできない。あくまでも企業の収益を上げることが先で、賃金引き上げはその後の話である。もちろん、労働者側は賃金を多くもらいたいだろう。しかし、**物事には順番というものがある。**

ムリのない最低賃金というのは、前年の失業率から計算できる。先に最低賃金が決まると思っている人がたくさんいるが、前年の失業率から、ハッキリ言うと雇用状況から賃金が決まると考えてもらったほうがいい。

私は話の端々に因果関係とか順番をいつも盛り込んでいるつもりだが、ふたつの話をしたときに、どちらが先かわからなくなる人がかなり多い。因果関係がわからないからこそ、「賃金を高くしたら人手を集めやすくなる」などと、バカなことを平気で言う。

雇う側は賃金を安く抑えたいわけで、双方納得できる点があるとすれば、当然、去年の雇用状況の結果によって決めようというところに落ち着く。仮に昨年が求人のほうが多い、つまり職よりも人のほうが多い場合は、賃金が低くても働ける人が雇われる、ということで誰もが納得できる。「前年の失業率から決まる」というのには、そういう背景がある。

政策論で言えば、最低賃金は前年の失業率を受けたムリのない水準にし、賃金は雇用確保の後からついてくるという経済原則を曲げないようにさえすればいい。大ざっぱな計数であるが、**最低賃金の上昇率は、5・5から前年の失業率を差し引いた数値程度が妥当な**ところである。2019年6月現在の失業率は2％台前半だから、これを5・5から差し引いた数字＝3％程度が上昇率として妥当ということになろう。

ちなみに、民主党のときに最低賃金を2％上げたが、このときは前年の失業率が5％くらいだったので、ムリのない引き上げ率は0・1～0・2％でしかなかった。支持母体の労組に押し切られたのかもしれないが、これは政策的に大間違いで、賃金上昇で苦しむ企業が雇用を控えた結果、失業率が増えるということになってしまった。

安倍政権は、さすがに民主党の失敗を知っているから、ムリのないように無難に対応している。雇用を増やし、失業率が下がるような環境を作っておいて、最低賃金は失業率の低下に合わせて、毎年上がっていくように調整してきた。**3％程度というこれまでの最低賃金の引き上げ方針も、NAIRU（インフレ率が加速しない失業率＝事実上最低の失業率）**

が2%台半ばから考えると経済合理的である。

ただし、こうした観点から見ると、経済財政諮問会議で最低賃金5%引き上げの議論が出た、ということには首をかしげざるを得ない。現在の諮問会議は事実上、霞が関の役人が主導している。とてもじゃないが、マクロ経済を理解したうえでの議論とは思えない。

韓国の文在寅政権は、最低賃金を引き上げすぎて雇用の創出に失敗した。賃金の急激な高まりが、中小企業の経営に大きな打撃を与えたからだ。こうした最低賃金を野放図に上げる失政は、マクロ経済学がわからないまま政治的な成果を求める左派政権によくある話である。この程度の経済政策をわからない経済財政諮問会議など、もはや不要だろう。

要するに、**「5%」とは連中の存在感のアピール以外の何ものでもない**ということ。そんなバカ議論など、完全にシカトでいい。これまでの安倍政権による政治的・実務的な「3%」のほうが、日本経済のためになるのは言うまでもない。

トドメの一撃!

最低賃金の上昇率は前年の失業率で決まる。労働者に媚びた政策論争など完全シカトでオーケー!

12
ひきこもり問題の解決法

バカの論

また、ひきこもりが
事件を起こした。
やっぱりアイツら怖いよな……。

教授の正論

**ちょっと待て。
そもそも、「ひきこもり」
という言葉を
きちんと定義したこと
あんの？**

内閣府が2018年末に実施した、40歳から64歳までの5000人を対象にした「生活状況に関する調査」の報告書において、**中高年のひきこもり者の数が推計61・3万人**だと公表された。この内容に加え、ひきこもり状態だった51歳の男が小学生ら20人を殺傷した事件や、元農林水産事務次官の男がひきこもりだった40代の長男を殺害する事件が起きたせいもあり、中高年のひきこもりがクローズアップされている。

内閣府の調査では、ひきこもりの定義として、社会的自立に至っているかどうかに着目して「広義のひきこもり」と「狭義のひきこもり」に分けているが、ざっくり言えば「仕事をしないで家にずっといる人」ということだ。

この調査に意味がないとは言わないが、統計データとして使うには少々弱い。もう少し中身を細かく調べる必要があろう。というのも、**ひきこもりには、病気や対人恐怖のために家から出られないでいる人もいれば、親に莫大な資産があるため「別に働かなくてもいいや」ということで外に出ない人もいる**からだ。調査におけるアンケートの内容を見ても、やむなくひきこもっている人と、〝自発的〟にひきこもりをやっている人の違いが浮かび上がってこない。

この種の議論では、すべてのひきこもりを問題視する傾向にあるが、まず「ひきこもり

はヤバイ」という先入観から疑ったほうがいい。 川崎の殺傷事件も元農水事務次官の事件も、事件の根本原因が「ひきこもり」であるのかどうかはわからない。例によってマスコミがニュースの〝見た目〟だけを考え、「ひきこもりの事件だ」と騒いでいるだけだ。

特に後者の事件では、ひきこもっていたのは被害者のほうである。息子を殺した元農水事務次官は、ある意味で息子をひきこもらせた側の人間だ。働けなくても生活できるように保護しておいて、ひきこもりだからいずれ事件を起こすだろうという〝将来〟を勝手に確信して殺したのであれば、まるで自己矛盾を被害者に被せるようなものではないか。

ひきこもりを問題たらしめているのは、ひきこもりを問題視すること自体にあると思う。私などは、正直言ってひきこもりのどこが問題なのか、よくわからない。実際、人にどこが問題なのかを聞いてみると、とどのつまり「自分が汗水たらして働いているのに、ひきこもって何もせずに暮らしている人間がいるのはケシカラン」という、自分目線でしか見ていない文句、批判が返ってくる場合が非常に多い。もちろん、こうした答えは問題の本質でもなければ、ロジカルに導き出した結論でもない。

よくよく考えてほしい。いまのご時世では、持ち家に住んでいて親に収入があれば、子どもは働かなくてもどうにか生きていける。仮に家族で不動産をかなり所有していて、家賃収入等で特に何もしなくても普通に暮らせるのなら、それはそれでアリだろう。

ひきこもりはほとんど働かずに食べていけるのだから、ある種の〝富裕民〟ともいえる。逆に言えば、外で働かなければ生活できないのであれば、ひきこもりにはなれない。元農水事務次官の男も、息子にタダメシを食わせたあげくに殺すぐらいなら、たたき出して外で働かせればよかったのである。

もっとも、それぞれ事情もあるので、ひきこもっている人を全員外に連れ出せと言うつもりは毛頭ない。職さえあれば外に出たいと考えているひきこもりの人も大勢いる。

そんな状況から、政府は2019年の「骨太の方針」で、30代半ばから40代半ばとされる就職氷河期世代を支援することを打ち出した。これにより、氷河期に就職しそびれた半数の人が外で働けるようになる。企業も、人手が足りないからといって外国人を雇うぐらいなら、ひきこもりの人を積極的に採用するべきではなかろうか。


トドメの一撃!

政府の調査でも、実は「ひきこもり」は千差万別。味噌もクソも一緒くたにして問題視するほうが問題だ!

13

自殺者をどう減らすか?

バカの論

自殺者を減らすには、
細やかなケアが必要。
だからソーシャルワーカーとかを、
増やしたほうがいいじゃん。

ハズレ。
自殺者を減らすには
雇用環境の改善を図るのが
一番早い!

2018年の自殺者数は2万840人で、対前年比では481人(約2・3%)減少した。2010年以降、9年連続の減少となり、自殺統計調査を始めた1981年以来、37年ぶりに2万1000人を下回った。また、**自殺死亡率においても10万人中16・5人となり、自殺統計で過去最低**となった。

自殺にはさまざまな要因があるが、一番多いのが経済的要因である。カネがないというのは、人が社会で生きていくうえでもっともリアルな不安のひとつだ。食えないから将来を悲観して自殺するというケースがほとんどで、逆に言えば、食えてさえいれば、自殺しようという気には、なかなかならないものである。

健康問題や家庭問題、男女問題などに起因するケースは、どの時期のデータにおいても自殺者数全体に占める割合はほとんど変わらない。つまり、**経済的要因で自殺する人の数の上下によって、全体の自殺者の数が決まる**と言っていいだろう。

したがって、自殺率を下げたければ、経済的要因を取り除けばいいということになる。経済的要因であれば、失業率と深い関係があることがわかっているから、政府としても手の打ちようがある。ロジカルに考えれば、雇用環境をしっかりと整える政策を打って、失業率を下げればおのずと自殺者数も減るのだ。

自殺者数はどんどん減っている

自殺者数の年次推移

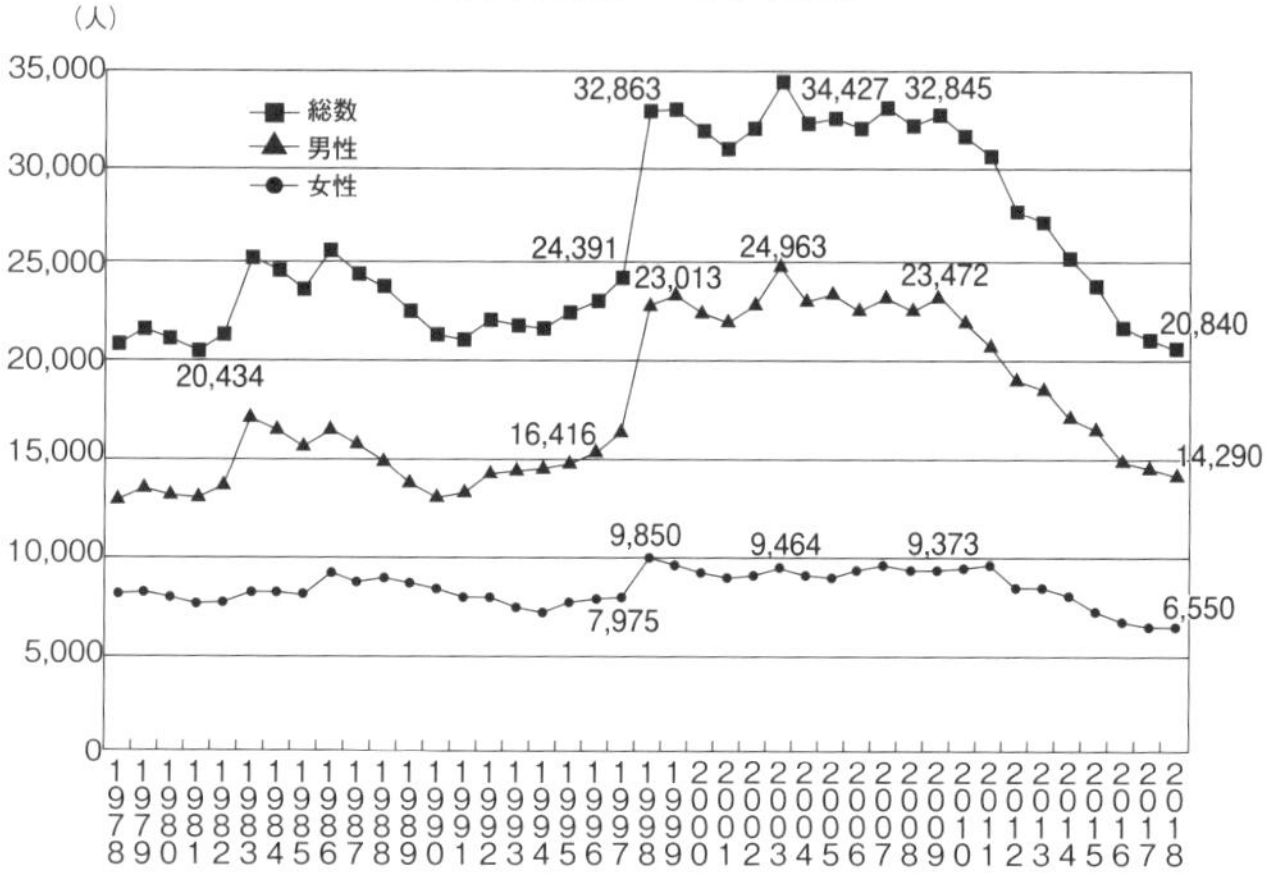

資料：警察庁自殺統計原票データより厚生労働省作成

失業率と自殺率の推移

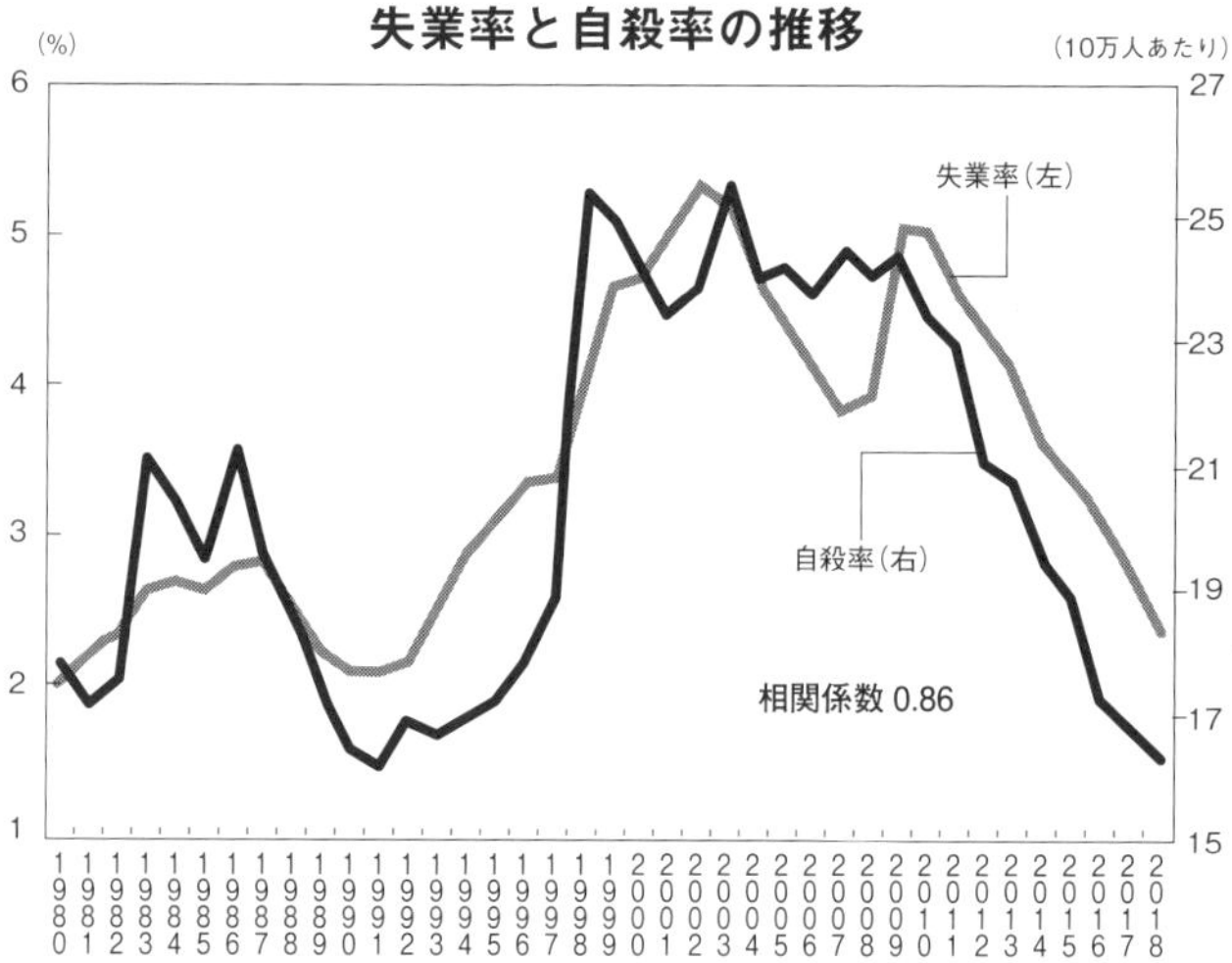

資料：厚生労働省「人口動態統計」、総務省「労働力調査」

自殺率と失業率には強い相関関係がある。失業率が下がると自殺率も圧倒的に下がる。かつて役所勤めをしていたとき、失業率を下げれば、自殺者数も簡単に3000人から5000人程度は下げられるな、と予測していたが、実際にその通りになっている。

「自殺を防ぐには、職場の労働環境を整備するように政府が働きかけを」とか「心のケアをしっかりして」などという声もあるが、こうした**「半径1メートルの話」**から**自殺問題の解決策を考えるのはまったくロジカルではない**。もっと根っこの部分から見つめ直さなければ、効果的な対応策は生まれてこないのだ。

なお、**失業率を減らせば、自殺者数だけでなく犯罪などさまざまな社会不安要因も同時に減少させることができる**。社会不安をなくすことが政府の大きな使命であるが、その具体策として最も有効な手段のひとつが、失業対策なのだ。それこそ「バカのひとつ覚え」だと思われるくらい私が雇用の重要性を説くのも、このためなのである。

トドメの一撃!

とにかく政府は雇用を用意し、失業率を減らせばいい！
そうすれば、自殺だけでなく犯罪など社会不安も減る!!

14

日本の外交戦略

バカの論

日本の外交はいつも弱腰だ！
正しいことをきちんと主張すれば、
もっと存在感が出てくるのに。

教授の
正論

**いや、
国際政治の戦いにおいて、
「正しさ」だけでは
絶対に勝ち抜けない。**

完全に論理では勝っていても、国際社会では意のままにならないことがある。問題は、そのときにどう対応するかだ。

2019年4月、韓国が福島県など8つの県の水産物の輸入を禁止している問題について、世界貿易機関（WTO）の上級委員会が、紛争処理小委員会（パネル）の判断を一部破棄した。

なぜ日本は敗訴したのか。そして今後、どのような対応が必要なのだろうか。

日本政府の立場は、すでに輸入規制を実施した54の国のうち31の国で輸入規制は撤廃されており、日本産食品は科学的に安全だというもの。韓国の安全基準をクリアしているとしたWTOパネルの事実認定については、上級委員会でも維持された、としている。

しかし、韓国が是正措置をとらなければ、日本が対抗措置をとれるとした判断は取り消された。政府の説明によると、常識的には韓国の安全基準に照らすと輸入制限は不当である。しかし、不当なものに対して、相手が対抗措置をとるのはケシカランという主張なので、なかなか伝わりにくいことがあるのも確かだ。

WTOのパネルと上級委員会は、裁判所でいえば、パネルが一審、上級委員会が二審。つまり、上級委員会の判断が最終的な判断となる。一審では日本の主張が通ったが、二審では韓国側がこの判断を覆させた。

そのロジックは、「日本はサンプル検査の実測値だけで安全性を主張している」とし、原発事故の処理が完全に終了していないため、国民の安全を理由とした韓国の輸入制限は不当な貿易制限ではない、というものだ。

これに対しての上級委員会の判断は、日本が言うように科学的に見て安全ではあるが、韓国の輸入制限に対する是正措置は必要ないというものだった。つまり、**敗訴したといっても、日本の主張が全面的に退けられたわけではない**。

こんな玉虫色の判断になったのは、「安全に関するものの価値判断は国によって異なる。それをWTOに持ち込まないでくれ」という意思表示からだろう。特に本件は、原発事故という世界的にもイメージが悪いネタがからんでいる。さらに、日本への対抗意識の強い韓国がロビー攻勢を仕掛けた「厄介な案件」だ。WTOとしては、おそらくできるだけかかわり合いたくない。**「あなたたちで話し合って解決しなよ」という話**なのだ。

また、韓国のほかにも中国、台湾、シンガポールなどが輸入規制をしているが、そうした国の輸入規制も不当なものだと、WTOが判断を下すことも避けたかったのではないか。

どうあれ、結果は負けだ。**これは完全に日本の戦略ミス**だろう。韓国や中国が日本に対しての当たりが強いのはわかり切っていることである。そこを「正しいはずだから勝つ」と甘く見たのがよくなかった。

「正しさ」は必要な条件だが、国際社会ではそれだけで通用するものではない。正しいことが全部通るのであれば、北方領土も竹島も、すべて帰ってこなければならない。

つまり、正しいことをうまく通す戦略が日本には抜けているということ。私が農水省の担当者であれば、**台湾などの親日的なメンバーを先に落としてから、韓国と中国だけが反対しているという状況を作る**だろう。いまからでも、日本政府は親日的な国を味方に変えて、韓国と中国だけがヘンなことを言っているという状況を作る努力をすべきではないか。

今回の失敗をもって農水省の担当者をバカだと言い切るつもりは、さすがにない。だが、こうした経験から学習しなければ本当のバカになってしまう。この経験を政府内で共有し、ぜひ今後に生かしてもらいたい。

トドメの一撃!

国際社会では正しい=正義とは限らない。正当性を認めさせるには、ちょっとした工夫が必要だ。

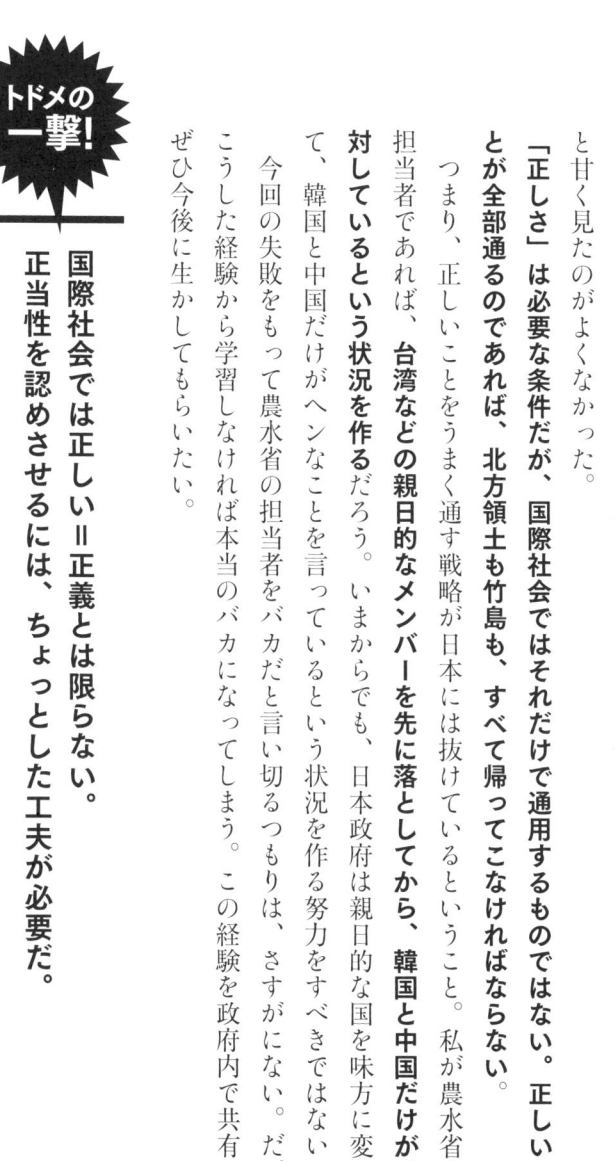

15

米中貿易戦争の本丸

バカの論

さすがに経済力が違うから、
関税合戦といっても、
そのうち中国が音を上げるでしょう。

教授の正論

**確かにアメリカが勝つのは
間違いないが、
米中貿易戦争の本質は、
実は別のところにあるんだぞ。**

きちんと順を追って全体を見ればわかることなのに、古い話には興味が向かずに目先のセンセーショナルな動きに気を取られていると、事の本質を見失うものだ。激化の一途をたどる米中貿易戦争の報道などは、目先にだけとらわれるバカの典型だろう。

トランプ大統領のキャラクターと相まって、確かに表面上は彼がまたぞろムリ筋を言い出したように見えるかもしれない。だからメディアの報道ぶりも、言葉ではっきり言わないまでも、「またトランプ大統領がワケのわからんことを言い出して、そのおかげで世界が混乱している」というニュアンスがにじむ。

しかし、**トランプ氏が中国との貿易赤字の解消を掲げたのは、そもそも2016年の大統領選のときからであることを考えれば、彼がやっていることは単に公約を忠実に守っているだけにすぎない**ということがわかる。

トランプ氏が中国に対して厳しい姿勢に出ている背景には、アメリカが軍事覇権を保つために技術優位を維持しようとする戦略がある。その意味で、**米中貿易戦争とは言っても、実のところ本丸は貿易ではなく安全保障の問題**だ。メディアには「どうせトランプ大統領は中国と妥協するだろう」という見方があるが、安全保障がからむ問題でアメリカは絶対に妥協はしない。通信機器大手のファーウェイ（華為技術）などの中国の先端的な企業の活動を規制しているのも、その一環と言える。

アメリカが怒りを示している中国の行為は、中国の国家体制に由来するものである。すなわち、①知的財産の収奪、②強制的技術移転、③貿易歪曲的な産業補助金、④国有企業によって作り出される歪曲化及び過剰生産を含む不公正な貿易慣行である。

実は、中国の共産主義は、旧ソ連の巧妙なバージョンアップ版のようなものだ。というのは、中国はソ連のような体制内のブロック・閉鎖経済を志向するのではなく、貿易については世界各国と取引している。貿易で対外開放しているかのように見せかけたうえ、中国内への投資も自由なように見せかけているのは、旧ソ連とは明らかに異なる。

しかし、共産主義の本質は「生産手段の国有化」なので、完全には対内投資を自由にできない。そこで、**中国は実質的に支配する合弁会社を利用するという手段で、見かけ上は中国への対内投資が自由にできるようにしている。その隠れ蓑のなかで外国の技術を盗み出す**わけだから、なかなか巧妙だ。

しかし、アメリカは、中国による知的所有権・技術の「窃盗」を見逃さなかった。それがアメリカの対中関税の引き上げにつながっている。

もちろんそれに対し、中国も対米報復関税を課している。しかしながら、**中国のアメリ**

カからの輸入額が1300億ドル、アメリカの中国からの輸入額は5390億ドルなので、報復関税をやりあっても、中国のほうが先に弾切れになってしまう。

このことだけを見ても中国には勝ち目はないようだが、貿易戦争の本質は、もっと別のところに存在する。

報復関税に関して本当に勝敗がつくのは、関税によって自国の輸入製品の価格が上昇するときだ。実は、どのくらい関税をかけられるかではなく、**関税の結果、価格が上昇するかどうかが勝負の本質**なのである。

私もアメリカと中国の物価を注視していたが、**中国ではアメリカから輸入した物品の値段がどんどん上がっている**。アメリカからの輸入品に中国当局が関税をかけて価格が上がっているから、当然と言えば当然だ。しかし、一方で**中国からアメリカに輸出されているものを見ると、まったく価格が上がっていない**ことがわかる。

これは何を意味するのかと言えば、「米国民にとっては中国の製品は代替が可能」「中国国民にとってアメリカの製品が必需品だから代替不可能」であるということだ。

アメリカが中国からの輸入品に関税を課したら、関税分の10～25%程度は価格に転嫁されて、結果、価格上昇があっても不思議ではない。しかし、それでも物価が上がっていな

アメリカは本気で怒っている！

広がるアメリカの対中貿易赤字

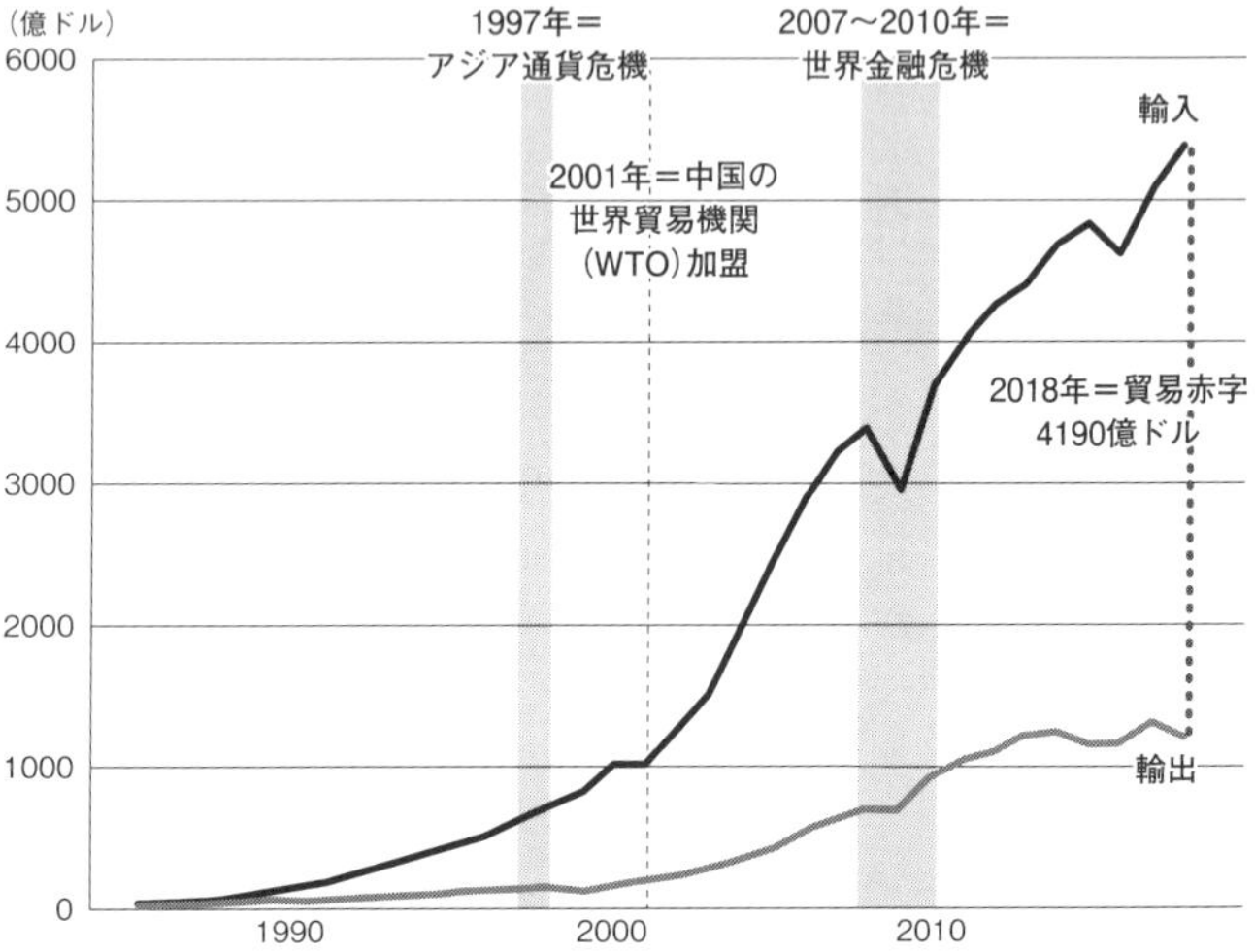

資料：US Census Bureau

米中関税合戦のタイムテーブル

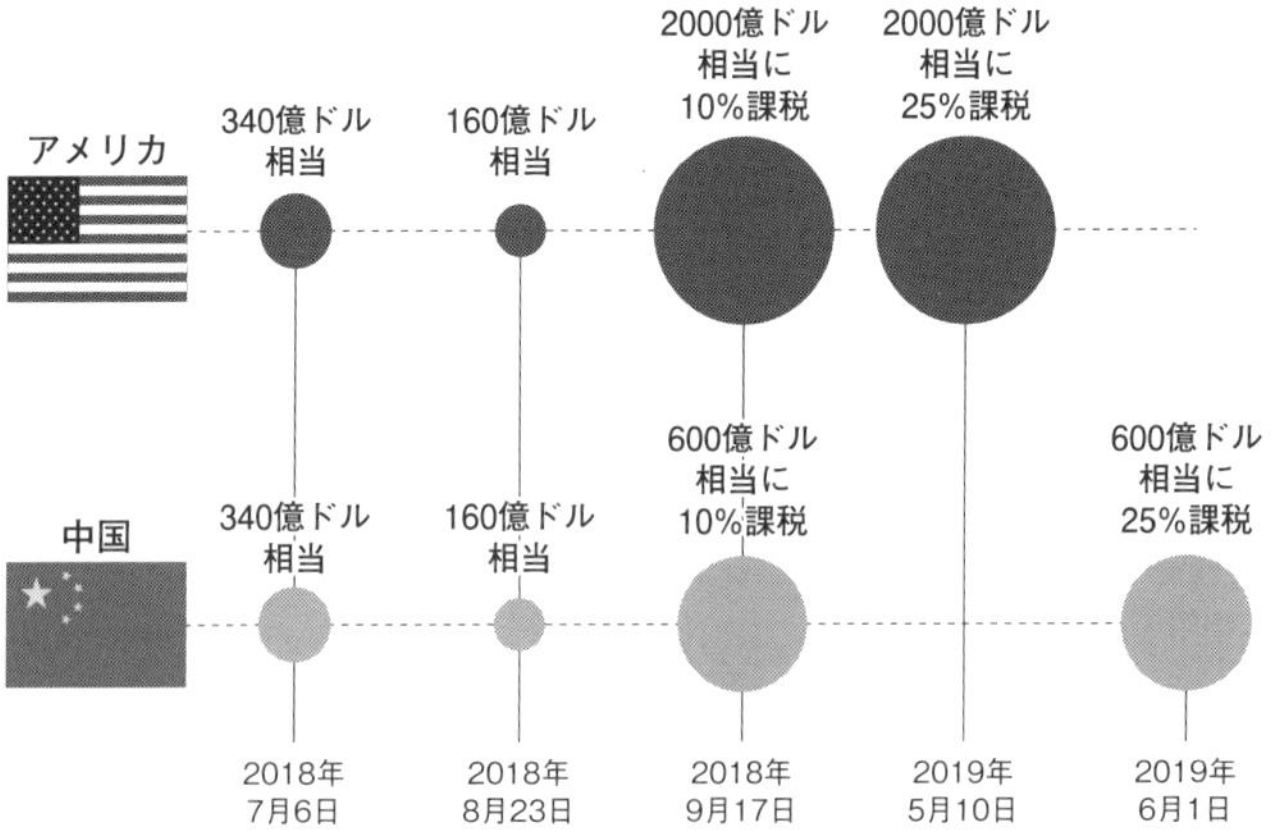

資料：Rabobank

いということは、関税分の価格転嫁ができていないことを示している。中国の製品は、関税を上乗せした額ではアメリカで売れないため、中国企業が関税分を被る形で価格を据え置いているのだ。

トランプ氏も、「アメリカに支払われた関税は製品コストにほとんど影響を与えておらず、ほとんど中国が負担してきた」とツイッターに投稿している。

中国からしてみれば、アメリカからの輸入品は関税分が高くなっても買わねばならず、アメリカへの輸出品は関税分を自ら負担しないと売れない。いずれにしても中国がやられているわけで、これが続くようなら、**中国のGDPは大きく目減りすることになる**だろう。

すなわち、中国のボロ負けなのだが、このように米中経済戦争をきちんと順序立てて見るロジカルさが、マスコミには欠けている。トランプ氏の言動だけを追って揶揄するバカ報道には、くれぐれもご注意いただきたい。

トドメの一撃!

トランプ氏のキャラに引っ張られすぎは禁物。アメリカの国益を考えればしごく妥当なやり方と評価せよ。

16

GAFAの行く末

バカの論

GAFAがなかったら、
もはや生活できませんね。

教授の正論

**否定はしないけど、
君の個人情報を
勝手に利用して
儲けすぎてる企業だって
知ってる？**

グーグル、アップル、フェイスブック、アマゾンという主要IT企業4社は、その頭文字をとって「GAFA」と呼ばれる。この4社に共通しているのは、いわゆるプラットフォーム企業としての地位を確立し、広く社会に浸透している点だ。とにかく、圧倒的な規模でユーザーを囲い込み、市場を独占している。

インターネットが多くの人の生活の一部となったいま、GAFAはもはや欠かせぬインフラとなった感がある。ただし、GAFAがもたらすのはメリットばかりではない。

GAFAのサービスを利用する際には、氏名や性別、生年月日やメールアドレスからクレジットカード情報まで、かなり重要な個人情報を提供することになる。さらには、検索履歴や購入履歴などの情報も蓄積され、ビッグデータとして活用される。

これらはユーザーの趣味嗜好《しこう》に合わせた情報提供などに使われているが、その精度はますます高くなるばかりだ。アマゾンから送られてくるメールを見ると、「なんでオレの好みを、ここまで知っているんだ?」と、少しばかり気持ち悪さを感じることもある。

要するに、**論理的に考えるまでもなく、価値ある個人情報をタダで入手しているからGAFAは強いのだ。仕入れがタダなのだから儲かるのは当たり前**である。

もっとも欧州では、GAFAを規制すべしという流れになっている。その一部はすでに、

GAFAがますます強くなる
―世界時価総額TOP8―

1989年

順位	企業名	時価総額（億ドル）	国名
1	NTT	1,638.6	日本
2	日本興業銀行	715.9	日本
3	住友銀行	695.9	日本
4	富士銀行	670.8	日本
5	第一勧業銀行	660.9	日本
6	IBM	646.5	米国
7	三菱銀行	592.7	日本
8	エクソン	549.2	米国

2018年

順位	企業名	時価総額（億ドル）	国名
1	アップル	9,409.5	米国
2	アマゾン・ドット・コム	8,800.6	米国
3	アルファベット（グーグル）	8,336.6	米国
4	マイクロソフト	8,158.4	米国
5	フェイスブック	6,092.5	米国
6	バークシャー・ハサウェイ	4,925.0	米国
7	アリババ・グループ・ホールディング	4,795.8	中国
7	テンセント・ホールディングス	4,557.3	中国

「GDPR」（EU一般データ保護規則）といった形で実現された。日本も同じ方向に向かいつつあり、経産省、総務省、公取委が協力して模索中だ。官邸も、2018年6月の「未来投資戦略2018」にGAFA規制を盛り込んだ。

過去には数千万人規模での個人情報の流出が問題にされるなど、GAFAにおける個人情報の扱いは、たびたび批判されてきた。もちろんユーザー側も、**これまでプライベートな領域を何も考えずにオープンにしてきたことについて、考え直す必要がある**だろう。

個人情報の取り扱いについては、一応、登録の際に読まねばならない同意書のなかに書いてある。だが、長すぎるため全部読まずに「同意」のボタンを押す人がほとんどではないか。**私自身は自分の情報を安易に流すつもりなどないので、よほどの信頼性がない限り、個人情報を登録するようなことはしない**ようにしている。

また、日本やアメリカのアプリケーションはいいのだが、中国製のアプリは、かなり怪しげなものが多い。スマホに入っている電話帳などを抜き取ってしまう、ほとんどウィルスのようなアプリがたくさん報告されている。

韓国製のLINEアプリも、電話帳の情報が抜き取られるとのウワサがある。私がLINEを使わないのは、スマホに登録してある政府要人の電話番号などを抜き取られかねないからだ。その点、**国会議員で無邪気にLINEをしている人を見ると、国益という観点からバカなことをしている気がしてならない。**いち民間人の私ですら気をつけているのに、ちょっと自覚が足りないのではないだろうか。何かあってからでは遅すぎなのだが。

トドメの一撃!

個人情報の登録はくれぐれも要注意。GAFAもさることながらLINEも大丈夫かね。

17
消費増税前のから騒ぎ

バカの論

消費税を福祉目的に使ったりするのは
いいんじゃないの？
どうせ財源が足りないんだし……。

教授の
正論

そのZの
プロパガンダ、
いいかげん
聞き飽きた。

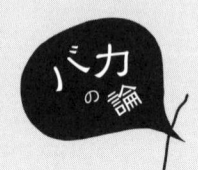

ロジカルに考えると、消費税というのは優れた税制だ。徴税コストが安く、脱税をされにくい。正しく運営すれば安定財源として効力を発揮する。

ところが、日本ではその導入において、国民や野党の反対をかわすために、財務省や政治家が誤ったロジックをふりかざし、その結果として税理論や社会保障理論そのものを歪めてきた過去がある。これまで**財務省が消費増税をするためにこねてきた理屈は、①直間比率の是正、②財政破綻、そして③社会保障のため**、であった。さらに、ここに最近になって、新たに④大地震の可能性（！）も加わったようだ。

順にツッコミを入れていこう。

まず①に関しては、理屈というより、単に消費税を導入したいという願望だ。**税金を直接税と間接税に分けても、その比率は国によってまちまちなので、最適比率を求めようとしたところで、まったくのムダ**である。

次の②はバカの最適例だ。項目「1」の「財政破綻の正体」でも述べたように、国の財政について、本来は「借金」だけではなく「資産」も考慮すべきである。無論、**日本の資産は潤沢にあるから負債があっても大丈夫、というひと言で簡単に論破**できてしまう。

③社会保障のため、に関して言えるのは、まず、**消費税を社会保障目的税とする国はな**

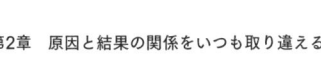

いということ。社会保険料は、誰がいくら支払ったかという個人別の明細記録が残っているので、給付と負担の関係が明確になる。ところが、消費税は誰がいくら支払ったのかという明細が残っていないため、保険のように給付と負担の関係が明確にならないのだ。

こうしたことも知ってか、かねがね安倍首相は「リーマンショック級のことが起こらない限り、消費増税をする」と述べてきた。**消費増税は法律で決められたことなのに、首相がわざわざこう釘を刺すのは、言うまでもなくその〝逆〟もあり得る**ということ。

現に世界には、「リーマンショック級」になる〝地雷〟がゴロゴロしている。ブレグジットしかり、米中貿易戦争もまたしかりだ。いや、日本の消費増税自体が、世界に激震を引き起こす可能性すらはらんでいる。

仮に、2019年10月に予定されている消費増税が、予定通り行われたら最悪だ。過去3回の消費増税のうち、3％の税率で導入した1回目（1989年）は、バブル期で景気がよい状況だったから、タイミングとしては悪くなかった。

しかし、税率が3％から5％に引き上げられた2回目（1997年）、そして5％から8％に引き上げられた3回目（2014年）の消費増税は、いずれもデフレのときに行ったため、景気を大きく冷え込ませてしまった。

ひるがえって現在、デフレは解消されつつあるものの、脱却というまでには至っていない。人手不足の状況が生じ、雇用回復に次いで当初の狙いである「賃金上昇」がようやく始まる、と思ったところで、政府は事実上の「移民受け入れ政策」を導入したため、外国人労働者が増え日本の賃金を押し下げてしまった。

こうした非常に厳しい経済状況にもかかわらず、２０１９年10月に消費増税を実行してしまうと、７年にも及んだアベノミクスの努力は、すべて水泡に帰してしまうだろう。

将来の経済状況がわからないのに、**２０１２年に増税時期を合意した３党（民主党・自民党・公明党）もバカ**だが、**経済状況があまりよくないのをわかっていながら、増税へと誘導するＺ＝財務省もバカ**である。そして、**軽減税率というおこぼれにあやかろうと、Ｚの言うがままのマスコミはバカ以下**だ。安倍首相には、ぜひこうしたバカの壁をぶち破っていただきたかったのだが……。

トドメの一撃！

消費税を歪めた財務省も政治家もバカ！
それを指摘しないマスコミはバカ以下だ！

18
消費増税後の真っ暗闇

バカの論

日本の学者は皆、増税賛成ですよ。
だから消費税が上がっても
私たちの暮らしは大丈夫でしょ！

教授の正論

これ以上バカをこじらせるな！絶対にダメだ!!

2019年6月21日、令和初となる「骨太の方針」が、経済財政諮問会議での答申を経て、閣議決定された。

このなかの「第4章 当面の経済財政運営と令和2年度予算編成に向けた考え方」において、消費税率引上げへの対応や、駆け込み・反動減の平準化、軽減税率制度の実施などが盛り込まれたことにより、**10月からの消費増税はほぼ本決まり**となったと言っていい。

実際に、6月20日あたりから、軽減税率を前提とした商品のテレビCMも放映されるようになっており、すでに消費増税を前提として世の中が動き始めた感がある。7月に予定されている参議院選挙における自民党の公約においても、消費増税について触れられているだけに、いまさら解散総選挙だ、増税先送りだ……ということはできないだろう。

安倍首相は、「リーマンショック級の事態がない限り増税する」と述べてきたが、その言にのっとれば、「リーマンショック級はない」あるいは「なかった」という判断である。

しかし、前項でも述べたように、私は「リーマンショック級を探すのは簡単だ」と言い続け、機会があるたびに「米中貿易戦争、ブレグジット、そして日本の消費増税」と書いてきた。もっとも米中とブレグジットはマジで、消費増税は半ばギャグであったが……。

これまで二度にわたって消費増税を先送りしてきた安倍首相のことだから、まさか経済状況が悪い現状で消費増税は行わないだろうと読んできたのだ。ところが、それがいよいよ現実のものとなってきたのだから、シャレにならない。

「消費増税は無期限延期を」と朝日新聞のインタビューに答えた**オリビエ・ブランシャール氏（元IMFチーフエコノミスト）をはじめ、クルーグマン教授やジョセフ・スティグリッツ氏、クリストファー・シムズ氏といった経済学の大家たちが、こぞって「消費増税は間違いだ」と言っている**にもかかわらず、それでも予定通りに増税する安倍首相の真意は正直わからない。あえて言えば、消費税を先送りにするよりも、自分の政権で処理しておけば、後継候補を指名する権利を得られるかも……ということくらいだろう。

かつては、消費増税に否定的なスティグリッツ氏やクルーグマン氏を日本に呼ぶことで、増税先送りの理論武装をしたわけだが、今回に関してはそういう動きは見られなかった。増税を見送った当時よりも、多くの経済学者が増税に否定的な見解を述べている状況であるにもかかわらず、だ（なお、財務省に毒まんじゅうを食わされている日本の経済学者は、ここではカウントしていない、当然のことだが……）。

いずれにせよ、増税はほぼ決まりだ。こうとなれば、個人消費が冷え込み、景気が悪化することは避けられない。返す返すも残念である。

消費税は日本国民が消費をするごとにあまねく徴収されるので、ビジネスパーソンが増税に対してできる対策というのはほとんど何もない。やれることといえば、収入を増やして自己防衛をすることくらいだろうか。

ならば、この機会に、副業で稼ぐことを考えてみてはどうか。私も大蔵省（財務省）の役人のときから、副業として執筆活動を行っていた。

もっとも、景気が悪くなれば副業のクチを探すのも難しくなるかもしれず、このあたりは個人の力量に依存することになってしまう。そんなことを国民に強いるのは、政権としていかがなものなのか。このままでは安倍政権全体がバカ認定だ。

かなりの力技が必要だが、どんな手に出ようとも、10月までに増税をやめる決断をするべきである。それができなくては、**安倍首相のこれまでの功績も、アベノミクスの果実も、すべて吹っ飛んでしまう**のだから。

トドメの一撃!

消費増税に対して、経済学の大家は皆、否定的!
「やっぱりやめます!」が言えてこそ大政治家だ!

第3章

どうでもいいことにばかりこだわる

ニヤ

19

投票率は上げられるのか？

バカの論

投票率が低いのは問題ですね。
民度が低いと外国に
言われてしまうし……。

教授の正論

**投票率の高い低いと
民度は関係ない。
ちなみに、「民度」という
言葉は無定義語だから、
あんまり使わないほうが
いいぞ。**

国政選挙の投票率は、２０１７年10月に行われた第48回衆議院議員総選挙では、53・68％、その前年の７月に行われた第24回参議院議員通常選挙では54・70％だった。２０１７年から選挙権年齢が18歳以上に引き下げられたこともあって、前回の衆院選よりも投票率はやや上向いたものの、長期的には投票率低下の傾向にあるといえよう。

この投票率が低いから問題だ、と思っている人は少なくない。メディアでも、選挙において必ず投票率の話題が出てくる。総務省も、選挙のたびに投票率を発表してきた。

もちろん一般論として、投票率の低下によって民主主義の根幹が揺らいでいる、という見方はできなくもない。しかし、厳密には**投票に行くかどうかも含めて、有権者の選択＝民主主義の結果としか言いようがない**のではないか。

アメリカでは、投票率がどうのこうの、という話はあまり話題にならない。もともと、投票するためにレジストレーション（登録）が必要なので、登録をする人は選挙への関心が高く、投票率もそれにともなって高くなるのが当たり前だからだ。

ところが、レジストレーションをする人の比率を見てみると、実は有料だからそれほど高いわけではない。せいぜい半分程度といったところで、仮にレジストレーションをした人全員が投票に行ったとしても、潜在的な有権者数全体から見れば、投票率は50％程度に

衆院選投票率は落ちているが……

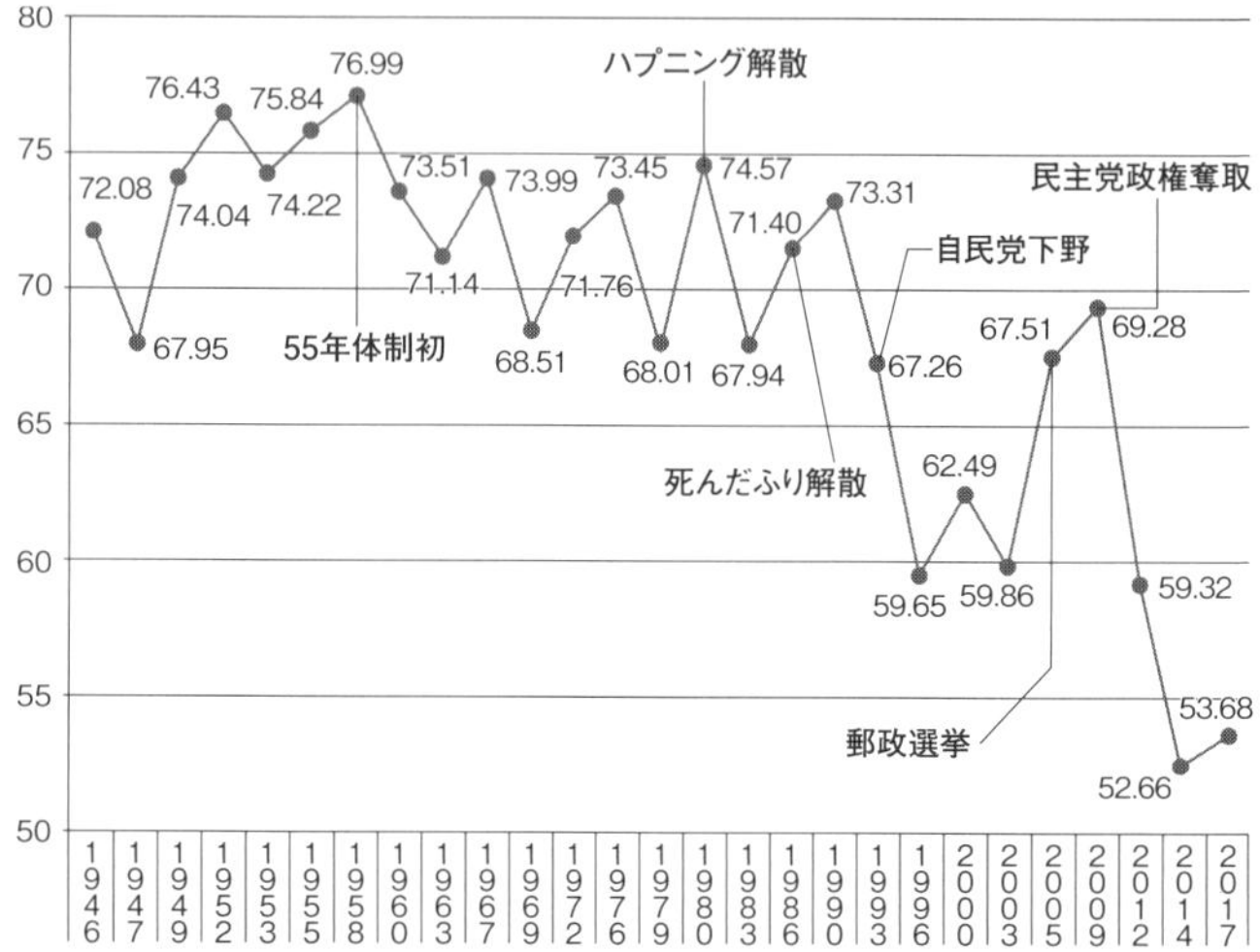

しかならない。つまり、**日本とさほど変わらない**ということだ。

一方日本では、投票率がすぐに発表される。投票率が低いのはよくないという考えからか、ニュースでもよく取り上げられる。だが、この「バカ」な演出に引っかかってはいけない。これを逆から見れば、要は**投票率がニュースで扱いやすいネタだから放送しているだけ**のこと。一生懸命、番組で熱弁を振るっているコメンテーターにはご愁傷様だが、「ほかに話すことがないかよ」と言いたくなる。

かくいう私も、総務省が発表しているから分析に使いはする。投票率が低ければ浮動票は少なくなるから、風頼みの政党は不利になる。無論反対に、支持基盤が固い政党は、投票率が下がったほうがいい。

このような分析くらいはできる。ただし、それ以上でも、それ以下でもない。立場によって望ましい投票率が違う以上、私がどちらがいいと言ったところで、まったくのナンセンスだからだ。

投票というのは、あくまで権利であって義務ではない。せっかくの権利を行使しないのは、魅力的な候補者が出ていなかったり、争点が面白くないということもあるだろう。小泉政権時の郵政解散や、民主党が政権を奪取したときの総選挙は、いずれも60％台後半の投票率だったように、国民から高い関心を寄せられる選挙というのは確かにある。

このように、誰に言われなくても積極的に行きたくなるようなスリリングな選挙になれば、投票率も自然と上がっていく。つまり、**目を向けるべきは「事後」の投票率ではなく、「事前」の立候補者の人物、問われるべき政策の中身**なのだ。

トドメの一撃!

投票に行かないというのも、また民主主義の選択肢のひとつ。選挙の争点が面白ければ、投票率なんて後からついてくる!

20

ポピュリズムの功罪

バカの論

大衆におもねる
政治家なんて
サイテーだよね。

教授の正論

**民主主義社会だぜ？
まず、
人々に支持されなきゃ、
政治家なんて
何もできねえよ。**

ポピュリズムというと、日本では割とネガティブなニュアンスでとらえられることが多いが、もともとは19世紀のアメリカで結党された人民党（通称ポピュリスト党）を通じて広まった言葉であり、そうした経緯もあってかアメリカではさほどネガティブには受け取られていない（ただし、欧州諸国ではファシズムの台頭を経験したことがあるためか、否定的な意味合いでとらえられることが多い）。

ポピュリズムには「大衆迎合的な政治姿勢」という意味があるのでネガティブに思われるのだろうが、どんなとらえられ方をされるにせよ、**ポピュリズムも民主主義のひとつの宿命**だ。そもそも民主主義というのは、民衆の多数派によって動く政治体制なのだから、大衆迎合的な要素がなければ成り立たない代物だ。

したがって、私は何も、大衆迎合的な意味でのポピュリズムを批判するつもりはない。コメディアンのウォロディミル・ゼレンスキー氏がウクライナの大統領になったからといって、それがウクライナ国民の選択ならば、それはそれでいいのではないか。

そもそも、**リーダーになる人物にとって重要なのは統治能力であり、前職や政治家経験の有無ではない**。ゼレンスキー氏の手腕は未知数だが、かのロナルド・レーガン氏も、俳優からいきなりカリフォルニア州知事に転じ、それからアメリカ大統領となった。

多くの政治家を見てきて思うことだが、実は芸能の才能は政治と非常に親和性が高い。というのも、**政治はしばしば「瞬間芸」が要求される**からだ。

だいたい、芸能の世界で成功している人というのはバカではない。いまも「総理大臣にしたい人ランキング」では、ビートたけし氏の名が頻繁に上がっている。それは彼の瞬間芸が天才的だということもあるし、また映画界で活躍するなど、文化人としての素養も高く評価されているからだろう。

私が、かつて彼の番組に出演した際、「ロジカルな思考をしているな」と感心したことがある。それでいて突発的に笑いをとる話をするのだから、たけし氏の頭のなかではいくつものCPUが同時に動いているのだろうな、と思ったものだ。彼はもともと理系で、数学の問題を解く番組をやっていたこともあり、論理的に問題を読み解く力とひらめきという双方を兼ね備えている点も、政治家に向いているように思われる。

もちろん現在、いわば〝ポピュリストの代表〟となっているのが、アメリカのドナルド・トランプ大統領だろう。彼は、ビジネスの世界とショービズ界双方で成功を収めた稀有な人物だ。もともと不信感があるからだろうが、マスメディアを使わずツイッターを有効利用しながら、アメリカ人の心を巧みにつかんでいる。

大統領選でロシアと共謀したという「ロシア疑惑」も証拠なしとなり、**結局のところメディアによる〝印象操作〟がスカに終わった**構図だ。日本でもアメリカでも、もはやメディアのトランプ批判に飽き飽きしているというのが現実ではないだろうか。

他方、**台湾総統選に元鴻海《ホンハイ》CEOのテリー・ゴウ氏が立候補することを表明したが、その手腕を政治に活かせるかどうかは未知数**だ。鴻海は中国に近いこともあって、仮に彼が台湾総統になるようなことがあれば、クリミアがロシアの一部になってしまったように、台湾も中国に併合されてしまう恐れもある。それも台湾人の選択次第なのだが……。

このように芸能人や実業家が、知名度を活かして選挙に出ることにはさまざまな議論があるが、あくまで重要なのはその人の能力だ。芸能人だからダメ、地方政治からの叩き上げだからオーケーではなく、先入観にとらわれず、いいものはいい、ダメなものはダメと判断するロジカルな〝見極め力〟こそが必要なのだ。

トドメの一撃!

ポピュリズム批判をしている人が、ビートたけし首相誕生を喜ぶなんてこと、まさかないだろうな?

21

「5G」時代の放送のあり方

バカの論

ネットの勢いは知っているけど、
テレビ局は巨大企業だから、
まだまだメディアの中心でしょ。

教授の正論

**あのな、テレビ局なんて
既得権益に守られているだけ。
オレだって自前で
放送できる時代だぞ。**

個人だろうが企業だろうが、電波を利用したらそれ相応の額を払わなければならない。そうした**電波利用料は毎年600億〜700億円に上るが、そのうちの8割以上は携帯電話からの徴収**だ。これを聞いて、疑問に思わないだろうか。電波を使いまくっているテレビ局から、それ相応の額を徴収しないのはなぜだろうか、と。

実際、**民放各局が支払っている利用料は5億円程度で、NHKは若干多く払っているものの、それでもせいぜい20億円程度**である。NHKの売上は8000億円といわれているから、それで電波使用料が20億円というのは、いくらなんでも安すぎる。本来の売上から見れば、少なくとも1000億円以上の電波使用料を支払うべきところだろう。

NHKはニュースなどでしきりに「日本の財政が危険で……」と危機感を煽っているが、それならもっと自分のところの金庫からお金を出すべきだろう。**NHKのバランスシートを見てみると、無借金で純資産8000億円という、仮に受信料を1年程度ゼロにしたところで潰れることはないほどの「お金持ち」企業**だ。ホームページには、「公共放送とは営利を目的とせず、国家の統制からも自立して、公共の福祉のために行う放送」とあるが、まったく「看板に偽りあり」としか言いようがない。

民法のようにスポンサーからの広告収入がないにもかかわらず、NHKが無借金経営を

テレビ局、特にNHKはムダに稼ぎすぎ！

電波利用料予算歳入の内わけ（2018年度）

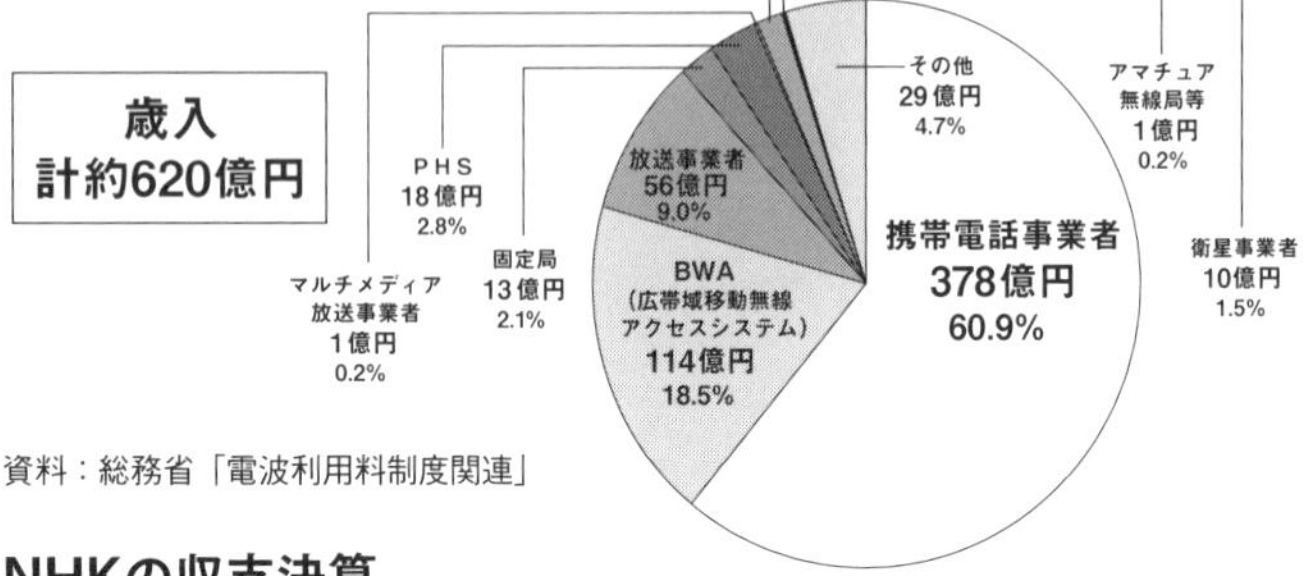

資料：総務省「電波利用料制度関連」

NHKの収支決算

区分	2017年度	2018年度	増減額	増減率
事業収入	7,202	7,332	129	1.8%
うち受信料	**6,913**	**7,122**	**209**	**3.0%**
事業支出	6,972	7,060	87	1.3%
事業終始差金	229	271	41	18.3%

資料：NHK「平成30年度 単体決算の速報」

続けられるのは、ひとえに受信料を視聴者から徴収しているから。つまり、**NHKの顧客は基本的に日本の全世帯**なのだ。見渡す限り全部お客という業種は、ほかに電力会社くらいのものだろう。これを見てもわかるように、まったく受信料の「取りすぎ」なのだ。

放送制度改革は急がれているが、いまの放送業界全体が既得権益となってなかなか進んでいない。私は官僚時代の2006年当時、竹中平蔵総務相の大臣補佐官を務めた際に、通信と放送の融合に合わせた放送制度改革の議論を少しばかりのぞき見させてもらった。

当時、放送法で規制されていることが、インターネットをはじめ通信技術の発展によって有名無実化するため、放送制度改革を急がなければならなかったのだ。ところが、実際には放送局側の既得権益者が政治を動かし、まったく改革は進まなかった。

その当時、私は大臣室の隣にある秘書官室にいたのだが、そこに面識のないメディア関係者が訪れては、名刺を置いていく。それを見ると、なかに「波取り記者」と呼ばれる人たちのものがあった。聞き慣れない言葉かもしれないが、**「波取り記者」の「波」とは電波のこと。つまり彼らは、記事を書かずに電波利権保持のため、電波行政のロビー活動をする人たち**なのだ。こうした〝記者〟が、NHKや新聞業界にはびこっていたのである。

彼らの政治パワーは強力であり、その結果として先述したように改革がまったく進まなかった。これが、日本の電波・放送行政が先進国で最も遅れた原因でもある。本来であれば、**インターネットと放送の融合など10年以上前にやっておくべきことであった**のに。

だが、技術の進展は目覚ましく、その後、インターネットを使っての「放送」は安価になり、誰でもできるようになった。私が主催している私塾も、かつては講義内容をテキストにして配信していたが、いまでは動画配信だ。そのほうがコストも安く、速報性にも優れている。つまり、**いまやユーチューバーは言うに及ばず、誰でも「放送」ができるようになった**のだ。

しかし、この「放送」は放送法の範囲外である。放送法は「電波に希少性」があるという理由で新規参入の障壁となっており、その結果、少数の既得権益者を利することになってきた。逆に「電波の希少性」という制約がなくなれば、さまざまな主体の参入が認められ、放送業界のあり方を、その競争に委ねるという政策が可能になるだろう。

特に**日本は、先進国のなかで唯一電波オークションを認めず、新規参入がないうえ、「波取り記者」のような人がいたくらいの「後進国」**だ。現在、実は各テレビ局は、まったく使っていない局を2局所有している。これも、既得権益による弊害だ。

くだらないバカ番組を作るのは、好みなのだろうからけっこうだ。ただ、電波のムダ使いはやめてもらいたい。私は、**バカ番組の制作は1局にお任せして、残りの2局分の電波はオークションにかけ他業界に売ればいい**と、常々言ってきた。モノを与えられても使い方がわからないのだから、まさに宝の持ち腐れだ。しかも売れれば収入源になる。ところが、そういうロジカルなことがわからない人が、放送業界には非常に多い。

ただし、国も少しずつ変わり始めている。２０１９年5月10日の参議院本会議において、電波法の改正案が可決された。その主な改正内容は、電波利用料の大幅な見直し、次世代通信システム「5G」を含めた周波数の割当制度の変更などだ。そして5月12日、政府は電波の割り当て審査に価格競争の要素を導入するため、電波法改正案を閣議決定し、国会に提出した。
全面的な電波オークションの導入ではないものの、部分的なオークション化ではあるので、じわりじわりとした一歩前進と評価できよう。
これからの時代、「放送」の主役は間違いなくインターネットに取って代わられる。もはや既存の地上波、テレビ各局は無用の長物となろう。だからこそ、電波をオークションにかけ、古い、そしてくだらない番組を作るテレビ局が占める放送業界に新規参入を促す。その結果、これまでの電通ありきの広告の取り方や、芸能事務所頼みの番組作りは変わっていく。いまこの瞬間も、どうしようもないバカ丸出しのニュースやバラエティ番組が流されているという現実を考えると、電波のムダ使いをなくせば、皆さんももっと楽しくテレビを見られるようになるとついつい思ってしまうが、いかがだろうか。

トドメの一撃!

くだらない番組を作るのは、好みだから止めやしない。ただ、電波のムダ使いだけは、いますぐやめるべきだ!

22

ふるさと納税の実態

バカの論

やっぱ泉佐野市は儲けすぎや！
返礼品もムダに豪華やし、
制度の趣旨と合わないやろ？

教授の正論

**あーあ、それって
既得権益を守りたい
総務省が言ってることと
同じなんだけど……。**

ふるさと納税をめぐる、国と大阪府泉佐野市のバトルをニュースなどで見た人も多いだろう。この一連の流れにこそ、実は「バカ」の本質が表れているといえる。

ふるさと納税受け入れ額で全国1位の泉佐野市は、市内に本店、支店、営業所を置く事業者の協力を得て、1000種近い返礼品を用意した。**納税額は、2016年度の約35億円から、2017年度は約135億円まで急伸。2位以下を約50億円以上も引き離した。**

市の税務課などがいろいろな工夫をしたおかげで、新たな企画やビジネスも生まれる。お金が増えれば人も集まり、自治体内の業者の仕事も増える。さらには、ふるさと納税の特集を組んだ出版物にはすぐに広告が集まるなど、サイドビジネスも活況となった。

そんな状況に冷や水を浴びせたのが総務省だ。2018年9月、野田聖子総務相は、「過度な返礼品が本来の趣旨に反する」として、寄付金に対する自治体の返礼費用の3割を超えたり、返礼品が地場産でない自治体への寄付を税優遇の対象から外す方針を発表。そして、2019年6月1日から始まったふるさと納税の新制度において、泉佐野市を含む4つの自治体が除外されることになったのだ。

以上の経緯について、ふるさと納税の制度設計をした人間として言わせてもらおう。これはまったくバカげた話である。**返礼品は財政支出だから、各自治体が決めればいいとい**

うのが原則だ。それを、総務省がいちいち文句をつけるというのがおかしい。地方は中央の家来ではない。

そもそも「稼ぎすぎ」という価値判断の基準は、人によって異なる。決められたルールの範囲内で稼いでいるならば、後ろ指をさされることなどないはずだ。それなのに難グセをつけられるとなると、一体、何のためのルールなのかということになってしまう。

要するに、総務省の主張は単なるイチャモンにすぎない。**交付税を配る既得権を取り上げられたうえ、自分たちを差し置いて地方が盛り上がっているのが気に入らない**のだろう。

他方、新制度の適用除外を受け、泉佐野市が行ったキャンペーンがまた振るっている。市のホームページに「本市は新制度に適合した内容での参加申請を行っていましたが今回総務省が適用から除外するという判断を下したことに対して、大変驚き、困惑しています」というメッセージを掲載し、そのうえで「ＨＥＬＰ泉佐野！」と銘打って、アマゾンギフト券還元率最大40％をプレゼントするという最後の大キャンペーンを行ったのだ。

さらに、千代松《ちよまつ》大耕《ひろやす》市長は除外を不服として、総務省の第三者機関「国地方係争処理委員会」に審査を申し出ることを明らかにした。不服審査においては、一般的に総務省が負けることはまずないが、ここまで筋が通らないと、どう転ぶかわからない。**本来、返礼品**

が過度だとか言う権利を持っているのは、泉佐野市の住民であるはずだ。

東京の世田谷区などが、制度の趣旨から外れると文句を言っているが、もともと都市部のお金を地方に回す政策なのだから、こうした文句が出るということは、むしろ制度がうまく機能していることを意味する。もちろん、税金が際限なく地方に流出したらマズイ。だから、控除額の上限を決めて、結果として2〜4%程度しか移転しないように制度設計をしている。それくらい、きちんと作っているのを総務省は知らないので、もし不服審査の場で対決となったら、国と地方の関係を一気に見直すよい機会になるのではないか。

対立の結果、**本来貶めたかった相手を悲劇のヒロインに仕立ててしまったのだから、総務省のバカさ加減は推して知るべし**だ。無論、そもそも返礼品の規制をする権限など総務省にはない。司法的な公開の場で、さらなる「バカさ加減」が満天下にさらされるのを楽しみに待とう。

トドメの一撃！

泉佐野市のやり方を批判できるのは泉佐野市民だけ！ ルール内でやっていることに対する文句は単なる難グセだ！

23
空き家問題をどうすべきか？

バカの論

全国的に空き家が増えているのに、
国は何も対策を打たない。
一体、何やってんでしょうね。

教授の正論

**いいんだよ、
国は何もしないほうが。
わからないことには、
首をつっこむなって話だ。**

近年、大きな問題だと指摘されているのが「空き家の増加」である。２０１９年４月26日に総務省が発表した調査結果によると、全国の空き家数は前年比26万戸増の８４６万戸、空き家率は13・６％に達したという。

空き家の数自体は当然、東京など人口が過密している都市圏が多いが、空き家率を見ると三重県を筆頭に地方の自治体が上位を占めている。ところがメディアでは、この問題に対して「国がリードして解決すべきだ」という意見が飛び交っているのが現状だ。

一見正しいように思えるが、実は**ここに〝バカの落とし穴〟が潜んでいるから注意が必要**だ。いま述べたように、都市部では空き家の数が多い。ところが、空き家率でいえば地方のほうが高いのだ。

つまり、新聞などで「空き家問題」という見出しを見ると、日本全国同じような問題を抱えていると思いがちだが、当然、地域によってその質が異なっている。これを**一律国に解決させるほうが、かえって問題をこじらせる可能性がある**ことを、きちんと認識しなければならない。

そもそも、多くの人が国の問題と地方の問題をごっちゃにしてしまう。しかし私は、常に問題の範囲を地方政府と中央政府のふたつに分けて考える（厳密には、地方政府も基礎的自治体と広域自治体の2種類に分けられるが)。この混同の原因は、**ときに東京一極集中を批判するマスコミこそが東京に集中し、東京目線でしか語れない**ことにある。

空き家問題を真剣に考えるならば、地方問題を扱う総務省＝国の解決能力のなさを問うより、地方自治体や地域の不動産会社に任せられない政策決定過程こそ問うべきだ。事実、マスコミの批判の対象となっている国＝総務省は、地域差、地域の特色など、何もわかっていない。そんな国に任せることこそ、問題をよりこじらせてしまうということが、なぜわからないのだろうか。

では、**空き家問題で重要視されるべきポイントは何なのか。それは固定資産税**だ。固定資産税は地方税である。東京などの大都市は、固定資産税も無視できない要素ではあるが、それ以外の収入もあるから〝喫緊の課題〟というほど大きな問題ではない。ところが、地方の小さな自治体にしてみれば、固定資産税収入の増減は、それこそ死活問題だ。

また、当たり前の話だが、空き家となる前には、そこに人が生活している。そうした家屋が空き家になった際、問題となるのは相続税だ。相続税は国税だから国の所管となるが、空き家の実態をいちいち国が把握することなど土台不可能。だからこそ、**持ち主が誰かということも含めて、詳細を把握できる地方自治体に、空き家問題を処理する裁量を与える**

べきなのだ。

マスコミをはじめとする余計な第三者がとやかく言うことによって、問題の本質が隠されてしまうことなど間々ある。だが、この**空き家問題でいえば、「税金」という観点から答えはロジカルに導き出される**のだ。つまり、国をなるべくしゃしゃり出させずに、地方で解決策を見出す方向に持っていくということが、正しい道筋である。

そうした本質を見ずに、空き家が増えると犯罪率も増えるなど、データでまったく相関性のないことまで、マスコミで取り沙汰される。あるいは前述のように、国と地方を一緒くたにした、〝全国一律の空き家問題〟がテレビを通じて流される。これが現状なのだ。

本項の冒頭で述べたように、空き家問題には〝バカの落とし穴〟が潜んでいる。いや、あらゆる問題に対する「ご意見」に「バカ」が潜んでいると言っていい。だからこそ、私たちは、こうした「隠れバカ」に注意しなければならないのである。

トドメの一撃!

地方と都市部の空き家をごっちゃにするな。でないと、かえってあなたの周りの空き家が増えかねない!

24

新卒一括採用の是非

バカの論

新卒一括採用がなくなると、
若年層の失業率が
増えるでしょ！

教授の正論

**失業率と雇用システムは、
まったく関係ナシ！
しかも、新卒一括採用は
弊害だらけだ!!**

新卒一括採用は経団連傘下の企業を中心として慣行化し、社会経験のない新卒者の雇用を支えてきた。どうして新卒一括採用が行われるようになったかというと、企業側からすれば、採用のコストを最小限に抑えられ、新卒者は、社会経験がなくても会社に入ることができるというメリットがあるからだ。ある意味でこれは、労使ともにラクな制度だ。

ただ、その一方で、就職活動で失敗してしまうと仕事につく機会を失い、仮に能力があってもそれを活かせない若者が増えてしまう社会になってしまったのも事実だ。本書でも触れたように、**近年、中高年のひきこもりが話題になっているが、その原因は、多くの就職氷河期世代が就活で失敗したということもある**だろう。

実は、**世界では通年採用が当たり前**だ。新卒の一括採用をしているのは日本ぐらいのものの。なぜなら、新卒一括採用の裏側には、年功序列と終身雇用という日本独特の雇用慣行があるからだ。

年功序列と終身雇用は、企業別労働組合とともに戦後の日本の高度成長時代を特徴づけた雇用慣行といわれる。戦後の激しい労働争議への対応とともに、経済成長の伸びに合わせた雇用の確保が困難であったため、企業は長期雇用を取り入れ、とりわけ終身雇用は大企業で一般的になった。これは**雇用主の善意などでは決してなく、あくまで戦後の高度経**

これからは労働力は数ではなく質の時代

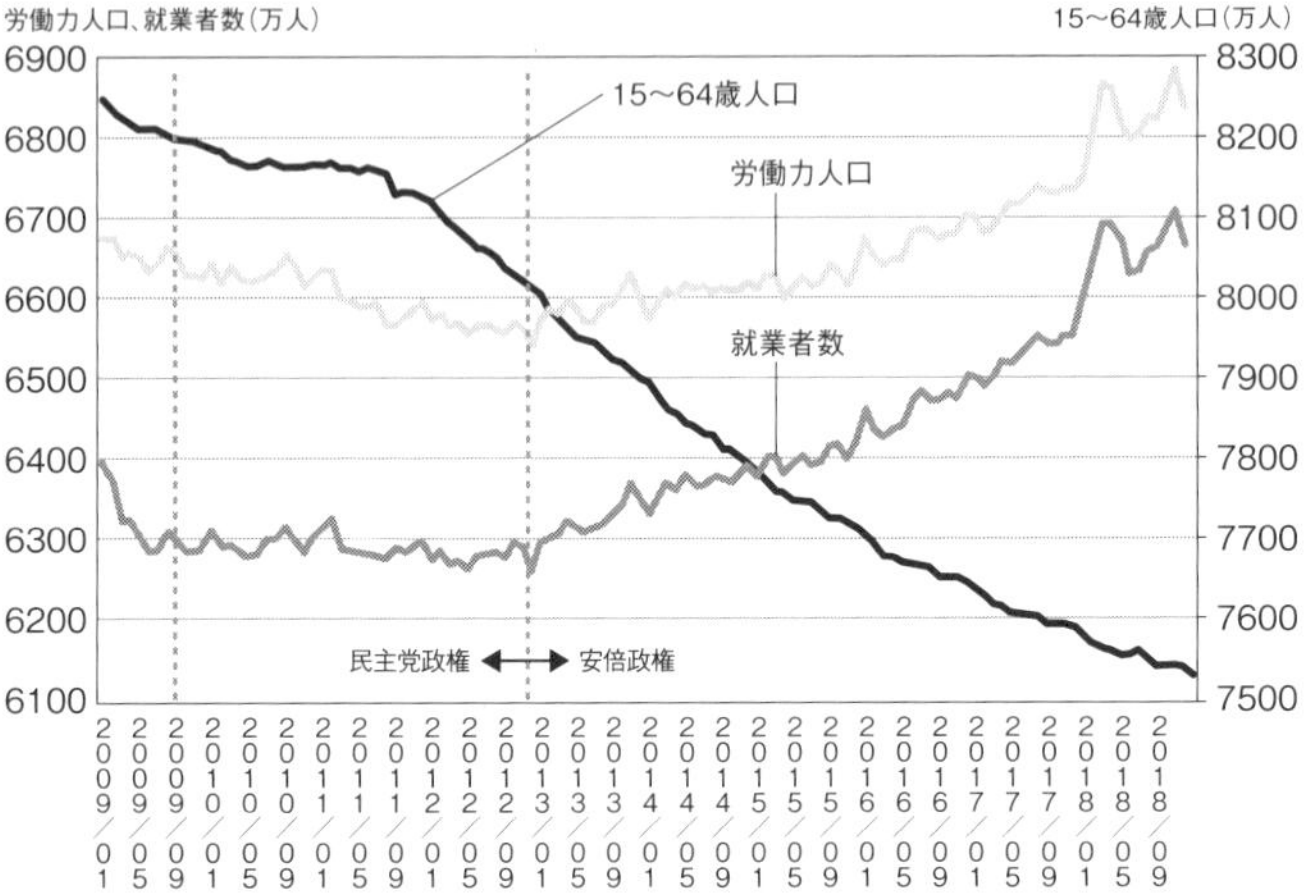

資料：総務省「労働力調査」

済成長の結果として起こったことだ。戦前には、必ずしも終身雇用は一般的ではなかった。

しかし、年功序列・終身雇用は、高度成長期のようなある特殊な条件のときでしか成り立たない。高度成長時代が終わり、バブル経済が崩壊すると、雇用形態は徐々に変化していく。１９９０年代後半からの労働者派遣の増加などは、大企業での雇用の多様化の影響であり、結果として終身雇用割合の低下につながった。その動きが、近年では最終局面まで来た感じで、終身雇用はほとんど過去の遺物になった印象がある。

　先進国でも終身雇用はまずないのだから、日本だけが維持するのは困難だ。年功序列・終身雇用が崩壊しつつある昨今、新卒一括採用もなくなるのはごく自然な流れである。**世界と戦える能力のある人材をとろうと思ったら、通年採用しかない**のだ。

それだけに、政府が雇用環境をいかに保つかを考える責任はますます大きくなっている。個々の企業で終身雇用ができなくても、中途採用の一般化など雇用環境が維持されていれば、事実上、個人の雇用に問題は起きない。政府としても、解雇が事実上困難な現状を変えるために、せめて**お金で解雇のトラブルを回避、解決する「金銭解雇」をもう少し柔軟にできるようにしたほうがいい**。そのほうが、企業の雇用意欲を高めることもあり得る。

幸いにも、2018年1月には「モデル就業規則」が改定され、民間企業で副業が事実上解禁された。この機会に自分の人生を見直し、副業、転職、独立を頭の片隅に置いておくのもいいのではないか。そうした現実を受け入れられずに、新卒一括採用・年功序列・終身雇用にこだわるのは、時代についていけないおバカさんである。

トドメの一撃!

世界で戦える人材を手に入れるには、通年採用しかない。それに終身雇用が崩壊すれば、新卒一括採用も消えてなくなる。

25
博士号を取る意味

バカの論

博士号を取ったって、
会社にも大学にも就職できないから
意味ないですよね。

教授の正論

**それはドメドメの考え方。
「使えない」扱いされるのは
日本くらいだ！**

どういうわけか、日本では博士号がさほど意味を持たない。博士号取得者は他の新卒者に比べて年齢も高いからか、就職には不利になるという話もある。**ヘタに時間をかけて博士号を取るぐらいなら、修士で切り上げてさっさと就職したほうがいいという人もいる**ようだが、日本で博士号を取る意味は本当にないのだろうか。

博士号は取得したものの、正規の研究職または教育職についていない「ポスドク」（ポストドクターの略）が問題になっている。20世紀末に、政府が科学技術創造立国を標榜《ひょうぼう》して博士号取得者の量産に取り組んだが、就職の受け皿となる公的研究機関や大学が常勤ポストを増やさなかったことで、多くの人が正規の職につけないでいる。文科省の調査によれば、２０１５年度でおよそ１万５０００人ものポスドクがいるという。

科学技術基本計画を通じて日本の研究水準が向上しつつあるなか、ポスドクは研究活動活性化のための原動力となりながらも、その後のキャリアパスが不透明であるという指摘がある。要するに、希望する職が得られにくく、活躍の機会が十分に与えられていないのだ。なかには希望する研究職につけず、経済的に困窮して自暴自棄になったり、ひどい場合は自殺に至るケースもあるという。

ただ、亡くなった方に対していまさらかもしれないが、もう少し柔軟に考えることはできなかったのだろうか、とどうしても思ってしまう。

国内では博士号があまり活かせないのが現実なのだから、ただ悲観するよりも「それではどうするか」を考えたほうが建設的といえる。

もし、私がその立場であれば、ムリに国内で働こうと思わない。つまり、海外に活路を求めればいいのだ。社会が変わるなどという、遠い未来の不確定要素に期待するより、よほど手っ取り早いだろう。

博士号の需要は、日本よりも海外のほうがはるかに高い。私も名刺の日本語表記部分には博士号について表記していないが、裏の英語表記の名前の横には「Dr.」と書いている。

実は、**海外のアカデミズムの世界においては、その人の肩書きは「ドクター」でなければ「ミスター」や「ミス」でしかない。**私がアメリカに留学した当初、国際機関や大学で催されるパーティーに出席した際に、主催者が私を「当然、ドクターだろう」と考えたのか、出席簿には「ドクター・タカハシ」と書かれていた。

ところが、当時、私は博士号を持っていなかったのだ。その旨を伝えると、「ええっ!」とひどく驚かれて、恥ずかしさを覚えながらも変更を依頼すると、そこに書かれたのは「ミスター・タカハシ」だった。そのパーティで「ミスター」は私ひとりだけ(ほかは全部ドクター）だったので、ひどく恥ずかしかったことを覚えている。

せっかく〝バカの壁〟を乗り越えようと取った博士号なのだから、日本で評価されないことを悲観するくらいなら、評価してくれる国に行けばいいだけだ。世界中の公募に応募したら、それなりに見つかるだろう。それでも職が見つからなかったら、そのとき初めて「自分は向いていない」と諦めればいい。ただ、国内だけで仕事を探して悲観するというのでは、せっかくの才能がもったいない。

逆に言えば、**どうにもならないことにとらわれて悲観しているようでは、どんなに才能があってもダメ**だ。**才能を生かす場を探すことも、また能力のひとつ**だろう。視野を狭くして、自分ではどうしようもないことに思い悩んでいても仕方がない。

博士号は、ジャマもの扱いされる日本はさておき、世界中どこでも通用する肩書き。何も国内に限らず、グローバルに学位学識に合った天職を探してみるべきではなかろうか。

トドメの一撃！

博士号は世界どこでも通用する高価なパスポート。日本で評価されないくらいで悲観するな！

第4章

雰囲気だけで事象を語ってしまう

26

憲法改正論議の王道

バカの論

日本国憲法は宝だ！
どんな時代になっても
変えてはならない！

教授の正論

**いや、憲法だって
法律にすぎないし……。
時代に合わせて
何がいけない？**

かつて、私は世界各国の憲法を比較し、それぞれの憲法改正の手続きを数値化したことがある。その結果、予想通り**憲法改正のハードルが世界で最も高いのは日本**であることがわかった。日本国憲法は96条において、改正に必要な要件を「衆参両院の総議員の3分の2以上の賛成」と「国民投票において総投票数の過半数の賛成」を満たすこと規定している。いずれの条件もクリアしなければならないのだから大変だ。

アメリカの合衆国憲法改正もハードルは高く、改正手続きにおいては「連邦議会両議院の3分の2が必要と認めるとき、あるいは全州の3分の2の議会の請求により、連邦議会が招集する憲法会議による提案」が発議の条件で、全州の4分の3の議会の承認が必要とされている。ただし、「国民投票」は条件に含まれていない。

あるいは、アメリカとは逆に、改正に必要な手続きは議会の3分の2による発議ではなく、国民投票だけという国もある。

日本も、改正条項を国際標準にしたほうがいい。そのために、**とにかく96条だけは変えるべきだ。ここを放っておくと、仮に一度は改正できたとしても、2回目以降の改正を実現するのは、かなり困難**になる。

ところが、立憲民主党や社民党、共産党が憲法改正について「中身に関係なく反対」と

憲法は一体いつ変えられるのか？

日本で憲法改正がなされるまでの流れ

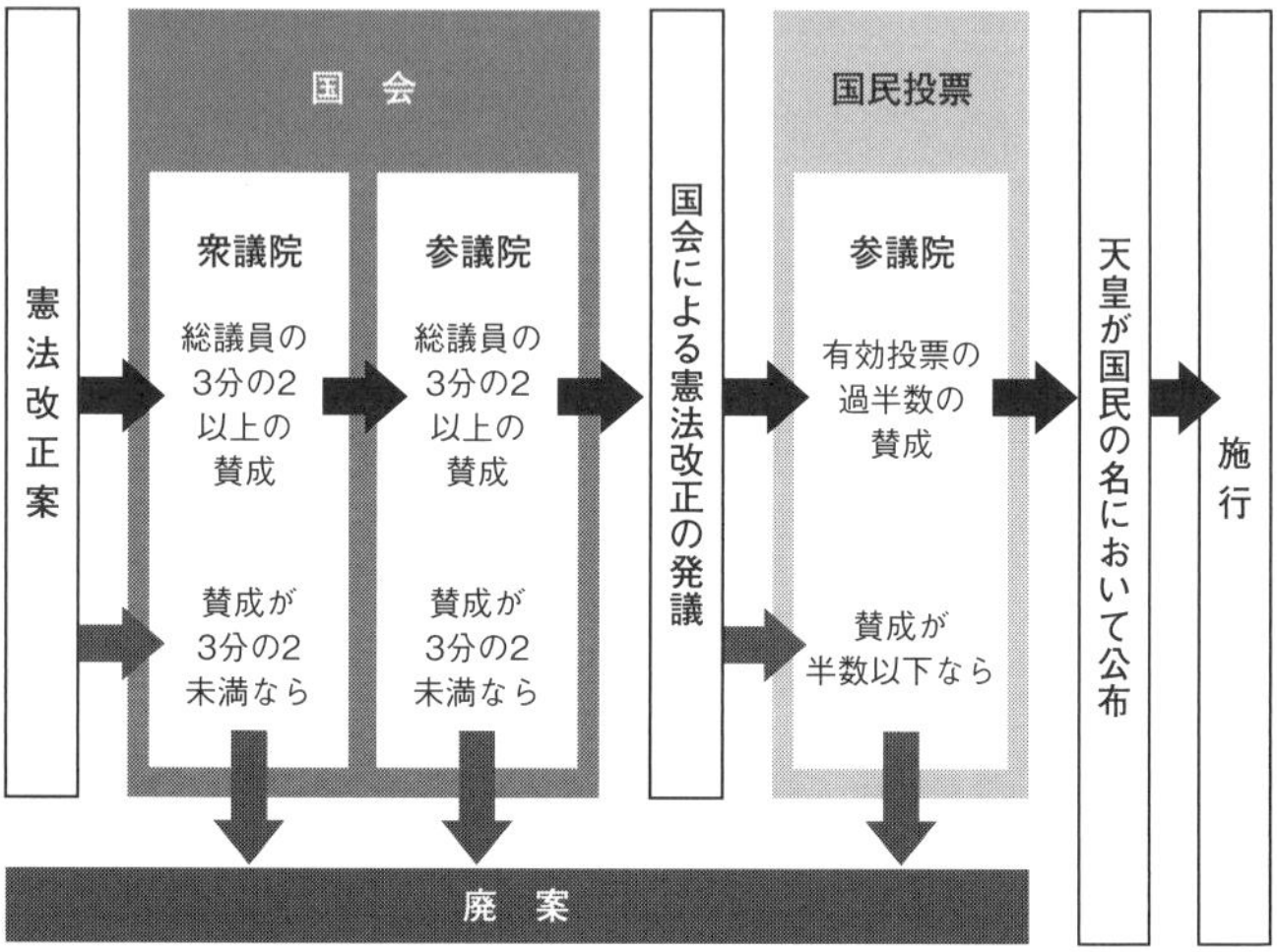

各国の改憲事情の比較

	条件：国会・議員の賛成	条件：国民投票	改正回数
アメリカ	上下両院で出席議員の3分の2以上	なし（4分の3以上の州議会の承認）	6回
ドイツ	連邦議会、連邦参議院の総数の3分の2以上	なし	60回
フランス	国民議会、元老院で有効投票の過半数	過半数の同意か両院合同会議で5分の3以上の賛成	27回
韓国	上下両院で総議員の3分の2以上	有権者の過半数が投票し、過半数の賛成	9回

※アメリカは第2次世界大戦後

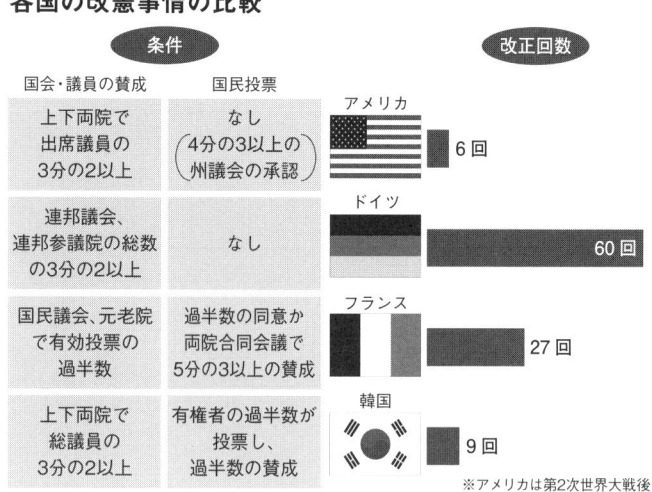

ワケのわからないことを言っている。衆参憲法審査会での議論は、改憲の目的は戦争放棄を明記した9条にあると考えている野党の反発で停滞していて、改正以前に議論すらない。

どんな時代になっても憲法を変えてはならぬという考え方がいいのか、時代に合わせて改正すべきは改正するのか。そこを国民がどう判断するのかは、私個人としても非常に興味がある。だが、**本当に議論が白熱したら、まともな意見が大勢を占める確率が高いと思う。一定数を超えた集団の過半数が、非合理的な判断をする可能性は低い**からだ。

憲法だから簡単に手をつけてはいけないという先入観が日本人にはあるようだが、憲法とて法律なのだから、普通の法案と同じような提出権にしておけばいいだけだ。そうすれば、議論の末に「じゃあ、国民投票で決めましょう」ということになりやすい。

もし、それで可決されようと否決されようと、それが国民の意思である。そこを担保することが、本当の民主主義ではないだろうか。

トドメの一撃!

憲法も時代に合わせて改正するのが国際標準。せめて白熱した議論を展開してほしいものだが……。

27
日本の格差社会論

バカの論

格差が広がっている。
どうにか是正すべきだ！

教授の正論

**是正はいいけど、
どうやって？
所得税の最高税率90％でも
オーケー？**

経済が停滞しているときもさることながら、とりわけ成長にドライブがかかると取り沙汰されてくるのが「格差」の話題だ。格差を「資本主義だから仕方ない」と言ってしまうと身もフタもないのだが、実際にそうなる傾向にあるのは確かだ。

そもそも、こうした格差問題で難しいのが、そもそも「格差」とは何だということ。たとえばジニ係数という格差を測るモノサシがあるが、ＯＥＣＤのデータで各国を比較してみると日本は17位（２０１６年）とほぼ中位クラス。これでは、日本が世界と比べて格差がひどいとは言えないだろう。

ただ、それでも**格差がケシカランというのであれば、是正方法はひとつしかない。格差があると認めたうえで、それを正すために適切な累進税率を課すというもの。**もちろん現在も累進課税は行われているが、累進性をもっと高めるのである。

所得にかけるのか、資産にかけるのかという議論はあるが、いずれにせよ累進税率をきつくして、お金持ちからは多く取り、貧困層からは少ししか取らない。**極端な話、ヒルズ族みたいなお金持ちからは90％くらい税金を取って、一般庶民からは税金を取らないということにすれば、格差はかなりなくなる。**

もっとも、こんなことをしたら誰も真面目に働こうとしないだろうし、会社を経営して

現行の所得税の最高税率は45%だが……

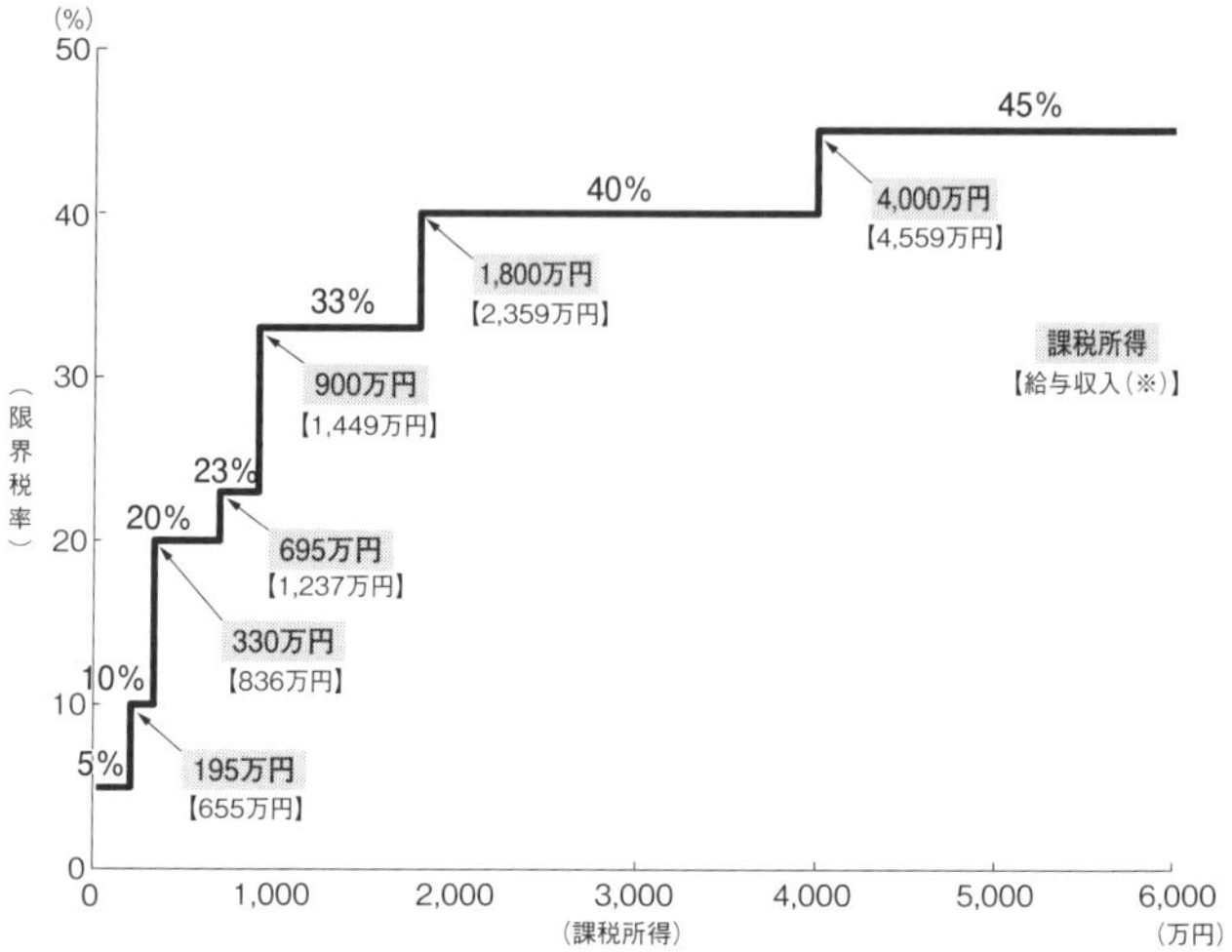

※夫婦子2人（片働き）の給与所得者で子のうち1人が特定扶養親族、1人が一般扶養親族に該当する場合

いる人が苦しくなるから、その下で働く一般庶民も職を失ったりして大変なことになる。格差を完全に消し去ろうとすると、誰もが貧乏になってしまう可能性があるのだ。

現在はマイナンバーが導入されているため、所得はもちろん資産の捕捉も以前より容易にできるようなってきた。昔は、源泉徴収されているサラリーマン以外は、その気になれば脱税も可能だったが、正直、いまはかなりやりにくい。そう考えれば、**累進税率の調整で得られる効果は、以前に比べて大きくなっている**といえる。

一般常識としては、所得税の限界税率は50%までだろう。それ以上になると、所得の半分以上を税金で持っていかれることになるから、さすがに〝やりすぎ〟という話になる。その一方、最高で50％となると、実は現状とあまり変わらない。

こうして見ていくとわかるように、格差の是正とは、要は「結果の平等」をどこまで求めるかという話なのだ。**個人個人それぞれのポジション、主義主張、もっといえば好みの問題だから、かっちりした答えなど望むべくもない**。傾向として、左派政権になれば税率が高くなり、右派政権だと下がる。これは立場の違いだから、永遠に平行線だ。

結局、このへんのさじ加減は政治にかかっているとしか言いようがない。「格差はいけない」「富の平等を」などと言ったところで、個人レベルでは単なるポジショントークだ。「格差是正」を訴える大学教授やメディア関係者はヤマほどいるが、彼らは一体、いくら給料をもらっているのか。本気で格差をなくしたいのなら、ここは政治家になって、政策課題としてガチンコで議論すべきではなかろうか。

トドメの一撃！

「格差」というのは、正直言って好み、感覚の問題。ポジショントークの「正義論」にはくれぐれもご注意を……。

28

医療保険財政はいつまでもつ？

バカの論

国民医療費が過去最高だって。
いよいよ破綻が近いな……。

教授の正論

医療費が増えたら
保険金を増やすだけ。
で、いつ破綻すんの？

2017年度の国民医療費は前年度比2・3％増の42兆2316億円となり、過去最高を更新した。その要因としては、高齢化の進展や医療技術の高度化による医療費単価の増加がある。厚労省担当者は、「増加傾向は今後も変わらない」と分析しているが、これに対し、医療保険財政が破綻しかねないという不安の声も上がっている。

答えを先に言ってしまうと、**保険原理のもとで運営されている限り破綻はしない。**なぜなら、給付と負担が完全にリンクしているからだ。

保険原理は実に単純で、全員が負担したお金を、たとえば病気や事故といったある条件を満たした人に分配するだけのものだ。ごく単純化すると、**10人から1ずつ集めた金銭を、条件を満たした2人に5ずつ分配するというような仕組みで、払う保険料と給付は必ず一致する。**

給付の対象となる人が一定割合しかいないものであれば、すべて保険原理が成り立つ。医療費における保険原理では、健康な人がお金を払って病気の人を助ける。もちろん、健康な人が病気の人より多いことが前提になる。

逆に言えば、病気をする人が健康な人よりも多くなると、これまでの前提を揺るがす事態が生じる。

確かに医療費は増えてはいるが……

年度（平成）	25年度	26年度	27年度	28年度	29年度
医療費（兆円）	39.3	40.0	41.5	41.3	42.2
医療費の伸び率（%）	2.2	1.8	3.8	▲0.4	2.3
1日当たり医療費の伸び率（%）	3.1	2.1	3.6	0.3	2.4
1人当たり医療費の推移（万円）	30.8	31.4	32.7	32.5	33.3
1人当たりの医療費の伸び率（%）	2.4	2.0	3.8	▲0.4	2.5
受診延日数の伸び率（%）	▲0.8	▲0.3	▲0.2	▲0.7	▲0.1

資料：平成29年度　医療費の動向

仮に日本人の半分以上が病気になったとしよう。そうなると、これまでは「病気」という〝異常〟事態とされていたものが〝通常〟となる。その結果、これまで「病気」だったものが病気だと判断されず、保険の対象から外される。

当たり前の話だが、これまでの常識で病気の人全員分を払っていたら、それこそ破綻するからだ。「すべての人を助けたい」という正義感を優先して設計していたら、保険は成り立たない。要するに、「かわいそうだから」という議論は、保険原理においてはあり得ないのだ。

冷酷なようだが、こういう単純な原理でないと社会保障はなかなか運営できない。

医療費が増えていくと、当然のことながら保険料も増えていく。つまり、**破綻だ、何だと騒ぐ以前に、**

「保険料を上げましょう」で決着がつく。

給付額と保険料の多寡については、「これくらいもらいたい」「こんなに払いたくない」という国民の意見から、バランスをとって決めることとなろう。

こうした保険原理を取り入れなければ、みんな勝手なことばかり言って収拾がつかなくなる。だから、**社会保障に保険原理を採用しないで運営している国というのは、先進国ではゼロ**だ。

多くの人はこうした社会保障の本質、仕組みを理解していない。おそらく、社会保障を天から降ってくる「施しもの」ととらえているのだろう。施しものだと勘違いしているから、医療費が増えたらヤバイ、破綻する、などと不安になるのだ。

何も知らないで騒ぐバカに煽られて不安になることほど、バカバカしいことはない。建設的な議論ができるように、多くの人が保険の仕組みを理解するようになってほしい。

トドメの一撃!

給付と負担が一致しているので医療費の破綻はない。社会保障を「施しもの」ととらえるからバカな議論になる。

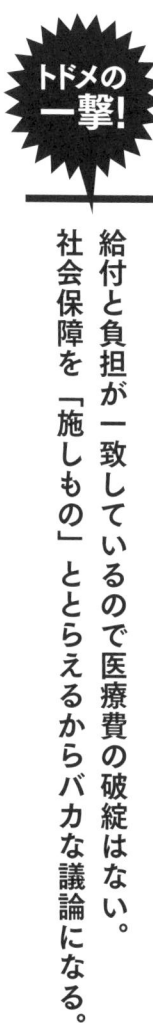

29

公共事業のよし悪し

バカの論

公共事業って、
政治家の利益誘導に、
使われがちだよね。

**公共事業をやるか
やらないかの基準は、
費用対効果のみ。
効果が勝るならゴー。
それだけだ！**

安倍首相の地元の山口県下関市と、麻生太郎副総理兼財務相の地元の福岡県を結ぶ「下関北九州道路」の国直轄調査に関して、「首相や麻生氏が言えないので私が忖度した」と発言し、野党から集中砲火を浴びた末に国土交通副大臣を辞任した塚田一郎氏。彼はいくらなんでもバカすぎた。

なぜなら、公共事業がどうやって決まるのかというメカニズムをわかっていないからだ。わからないからこそ、ついつい「オレがやった」と言ってしまったのだろう。仮にわかったうえで飛ばしたジョークだとしたら筋が悪すぎる。いずれにしてもアウトだ。

では改めて、公共事業の意義を考えてみよう。**公共事業を行う基準は、ひと言で言えば、費用（コスト）よりも効果（ベネフィット）が勝るかどうか**である。

それでは、効果とは何であろうか。先ほどの下関北九州道路を例に考えてみると、簡単に言えば、**道を通せば通行する車が目的地に着くまでの時間が短縮され、その分だけ人の経済活動が増えること。これがベネフィット**だ。

現在、本州と九州を結ぶ道は、関門橋と関門国道トンネルだけである。いずれも建設後50年前後経っていて老朽化しており、また、事故や災害時に通行不能になる箇所もある。工事が行われたり、少しでも不測の事態が起きたりすると、目と鼻の先であるはずの本州と九州の交通が滞ってしまう。仮に通行できたとしても、非常時は渋滞が激しくなり、距離の割に時間ばかりかかることになる。

この時間がかかる、というのは大変な経済的損失だ。たとえば本州から九州に渡って仕事をしようとする人の時給が2000円だとしたら、1時間遅れるごとに稼げるはずの2000円が消滅することになる。通行する車の数だけ損失が膨らむことになるのだから、総額はとても大きなものとなろう。

そこで、少し離れた場所にもう1本道を作る必要が出てきたわけだ。当然、道ができて通行する車の量が分散すれば、渋滞は緩和され、目的地に早く着くことができる。早く目的地に到着して時給分をしっかり稼げれば、仮に通行料を払ったとしても、短縮した時間分の収入が上回るのであればメリットのほうが大きい。だから、新しい道路を使う。まさに「タイム・イズ・マネー」だ。

下関北九州道路が開通すれば**交通が分散され、行き来の時間が短縮される。その短縮できる時間と、通行者の時給分を掛け算したものが、一次的な経済効果**ということになる。

こうした道路を作ることで生み出される経済効果は、基本的にはこの〝時間短縮〟をベースにして発生するから、橋や道路の新設を検討するにあたっては、利用者の移動時間がどれだけ短縮されるかを計算すれば、おおむね作るべきか否かがわかる。あるいは、渋滞を緩和できれば事故率が減るから、そうした効果も加味するが、あくまで副次的なものにすぎない。

この経済効果は何年も続くものの、道路というのは建設から時間が経過すればするほど価値が低くなるので、将来の金利分だけ割り戻した金額で計算して、それらをある所定の年数まで足していくと、その年数分の経済効果が計算できる。

そうして出てきた効果（ベネフィット＝Benefit）を、道路にまつわる費用（コスト＝Cost）で割れば（B／C）、費用対効果が計算できるわけだ。

実際、福岡県のホームページには次のようにある。

○下関市～北九州市間の所要時間は、関門トンネルを利用すると昼間は約50分（約20㎞）です。下関北九州道路を整備することで、約25分短縮され、所要時間は約25分（約14㎞）と半分になります。（走行距離は3割減少）
○道路の混雑の緩和や、走行経費の軽減などにより経済効果は、50年間で約2070億円と試算されます。

この50年間で約2070億円の経済効果というのも、先に示した方法で計算している。もっとも、計算しないまでも、**費用（道路の場合、建設費用とランニングコスト）と効果（時間短縮によって得られる経済効果）を比べて、効果が大きければ「行うべき公共事業」ということは明らか**だろう。

逆に、効果が費用より下回るのは悪い公共事業で、やってはいけないのは当然だ。費用と効果のどちらが大きいかを見るだけという実に単純な作業で、やるべき公共事業なのか、ムダな公共事業なのかは判断できるということ。つまり、「国交副大臣が忖度してどうのこうの……」という話ではなく、はじき出された数字から自動的にゴーサインなのか、やらないのかを判断したというレベルのことだ。

下関北九州道路は、目をつぶってもゴーだ。建設費用は1500億円といったところで、ベネフィットが2000億円なのだから問題なし。**忖度などという以前に「ゴー」**だ。

数字を見せられたら誰が提案しても〝マル〟になる話を、塚田氏は自分の手柄みたいにしゃべってしまった。いい迷惑なのは安倍首相や麻生副総理で、「ずっと前から決まっていた話に、なんで関係ないオレたちの名前が出てくるんだ」という思いだろう。

ともあれ、塚田氏の発言を受け、予想通り「再調査すべき」と騒ぎ出す野党議員が現れた。ただ、仮に再調査したところで結論は変わらない。**経済効果2000億円と出ているのだから、"奇跡の計算間違い"が発覚しない限り、ひっくり返すのは不可能**だ。こんなものはデータにある数字を足して費用と効果の値を出し、それをB／Cで計算するだけだから、通常は間違えようがない。

あるいは、交通量データが間違っているのではというところから攻めるのかもしれないが、もしそのラインで文句をつけるなら、半年くらいご自身で定点観測をして交通量をカチカチ数えればいい。

頑張ってデータを取って、改めて計算をしてみたら、あるいは「安倍・麻生忖度道路にすぎず、税金のムダ使いだ」と言える結果が出るかもしれない。その可能性は限りなく低いと私は思うが、野党側国会議員の費用（＝給料）対効果（＝交通量調査）が見合うのであれば、ぜひチャレンジしてもらいたい。

トドメの一撃！

公共事業の費用対効果は、B／Cで計算すれば誰でもわかる。「忖度」が入り込む余地など、実はまったくないのだが……。

30
皇室予算の費用対効果

バカの論

皇室っていいですよね。
好き放題お金が使える、
ぜいたくな暮らしができて。

教授の正論

皇室の予算を
見たことあるのか？
ハッキリ言うと、
もらってなさすぎだぞ。

宮内庁の2019年度予算において、天皇、皇后両陛下や皇族方の生活費を含む「皇室費」（117億円）と、宮内庁職員の人件費などの「宮内庁費」（123億円）などの予算が国会で議決された。**皇室の収入に当たる皇室費の詳細は皇室経済法などで定められ、両陛下や皇族方は毎年決められた費用内で生活されている**。

具体的な金額については、皇室経済法の下の皇室経済法施行令という政令によって決められている。政令の制定改廃についての案の作成は主任の大臣が行うため、**皇室の予算を実質的に決めているのは財務省**ということになる。

皇室費のうち、皇族としての品位を保つために各宮家に支出されるのが「皇族費」だ。秋篠宮さまは「皇嗣《こうし》」になられて、ようやく皇太子並みの予算がつくことになったが、**皇嗣になる前は年間で約3050万円。皇位継承権を持つ宮家の家長にしては少なすぎた**。

私は財務省内部にいたから、秋篠宮さまが意外にも低い予算でやりくりしておられることを知っていた。ずっと少ない額で据え置かれているものだから、かつて「これはちょっとひどいんじゃないか」と問題提起したことがある。

こうした額を政令で決めているということなど、一般人で知っている人はほとんどいない。本来は、皇室の予算について問題視してもいい立場のマスコミも実情を知らない。何

皇族費は安すぎでは……

皇族費の内訳は、独立して生計を営む親王は3050万円。その妃は1525万円。独立して生計を営まない親王及び内親王（成年）915万円。独立して生計を営まない親王及び内親王（未成年）305万円。独立して生計を営まない王及び女王（成年）640.5万円 独立して生計を営まない王及び女王（未成年）213.5万円。

2016年の主な宮家の皇族費

秋篠宮家	常陸宮家	三笠宮家	高円宮家
合計：6710万円	合計：4575万円	合計：7381万円	合計：4331万円
秋篠宮さま（3050万円）	**常陸宮さま**（3050万円）	**三笠宮さま**（3050万円）	**久子さま**（3050万円）
紀子さま（1525万円）	**華子さま**（1525万円）	**百合子さま**（1525万円）	**承子さま**（640.5万円）
眞子さま、佳子さま（915万円）		**信子さま**（1525万円）	**絢子さま**（640.5万円）
悠仁さま（305万円）		**彬子さま**（640.5万円）	
		瑶子さま（640.5万円）	

より、当事者である皇室が、予算が少ないことに対して意見を言わないため、こうしたことが明るみに出ることもなかったのだ。

それをいいことに、財務省は皇室の予算を絞ったまま動かそうとしなかった。日本の皇室は、国内で考えられているよりもはるかに海外から興味を持たれており、海外の要人も皇室の人には会いたがる。**日本のステータスを上げる最高のコンテンツを持ちながら、そこに予算を出し渋るというのは、やっぱり「重みづけ」ができないバカ**だと思う。

私には、すぐに費用対効果を比較考量するクセがある。たとえば、皇室にかける予算の少なさに対して、「数十億という規模のお金が動いている外交機密費などが、実際にその金額に見合うだけの効果をあげているのだろうか?」と考えてしまう。

内閣官房の機密費は、「国政の運営上必要な場合に、内閣官房長官の判断で支出される経費」ということになっているものの、その使途は不透明だ。枠が決まっているから使い放題ではないとはいえ、領収書の類は必要ない。かつて、外務省の要人外国訪問支援室長が9億8800万円に上る官房機密費を受領し、このうち約7億円を愛人へ渡す現金や競走馬、ゴルフ会員権、高級マンションなどに充てていたという事件もあった。

このように闇の部分が多すぎる機密費を野放しにして、外交官に高級ワインをがぶ飲みさせるより、皇室経済法の施行令でキチッと金額が決まっているものを少し緩めて、皇室に回す予算を増やしたほうがはるかにいい。要は費用対効果で、**外交官の酒代とステータスの高い皇室に使うのとを比べて、どちらが国益に資するかという話**だ。出すところと渋るところを間違えるから、「財務省はバカだ」となってしまうのである。

トドメの一撃!

官僚レベルで動かせる予算なら優先順位を考えろ。外交官の高級ワイン代と、皇室の生活、どっちが大事だ?

31

中国はいつ崩壊するのか？

バカの論

アメリカも攻めてるし、
いよいよ今年あたり、
中国もダメになりますね。

教授の正論

**中国がいずれ行き詰まるのは
自明だが、「今年」とか
ハッキリ言っちゃうのが、
ド文ちゃんの悪いところだな。**

ずいぶんと前からささやかれている中国崩壊論。中国はいま、アメリカからガンガンに突き上げを食らっている真っ最中だから、「そろそろ崩壊する」と言う人がいる一方、「そんなこと言ってるけど、いつまでたっても崩壊しないじゃないか」と言う人もいる。これをどうとらえるべきだろうか。

この手の議論は、まず、**崩壊論を唱える側が「いつまでに何パーセントぐらいで」という言い方をするべき**だろう。期間を区切らずになんとなくの雰囲気で崩壊論を話すから、周囲としては、その論者がオオカミ少年に見えたりしてしまう。

私もいずれ中国は行き詰まると見ているが、それがいつになるのかは正直わからない。ただ、一応の予測はある。

まず**歴史的に、一党独裁の国が70年以上続いた例はない**ということ。ただしこれは、70年くらい経つと国のシステムに支障をきたしてきて、倒産確率が半分くらいになるというようなアバウトな話だ。

そう考えれば、**逆に中国は今後30年間、つまり建国100年くらいまでは生き残る可能性があるともいえる**。

ともあれ、私がいずれ中国は行き詰まると考える理由は、「社会主義体制は、長期的な持続可能性がない」と考えるからだ。げんに、30年ほど前にソ連や東ドイツをはじめとする東欧諸国に起こった「民主化のドミノ倒し」を思い起こしてもらえばわかるだろう。逆に、皆さんもご存じのように、民主主義国家で国民が革命を起こして共産主義国家になったことなど、一度もない。

アメリカのノーベル経済学賞学者ミルトン・フリードマンも、**「経済的自由と政治的自由の両者は、必ずセットになる」**と述べている。国家が経済を統制し、職業から人事に至るまで介入する社会では、国民の発言力も当然制限される。逆に自由に商売ができ、仕事も選べる社会では、国民の経済力も増し、その結果、政治的な選択の自由も生まれる。これがフリードマンの考えだ。

現在の中国は、経済的自由があるように見える反面、政治的自由は共産党一党独裁体制のもと、国民から奪われている。それに対する反発が形となって現れたのが、30年前の北京で起こった天安門事件だったり、あるいは2019年に香港で発生した大規模なデモだ。制限つきながらも経済的自由を得た中国人が、政治的自由を求めるのは至極当然の話なのである。

こうして、全体主義、共産主義国家は、やがて民主主義国家とならざるを得なくなる。

これを「収束論」という。いま、アメリカのトランプ政権の攻勢によって、これまで暗黙の了解だった共産党一党独裁体制の暗部が、ネットなどを通じて世界的にあぶりだされている。このままの体制で、いつまでもやり過ごせるとは思えない。

もちろん、先述したように長期的な話だから、数十年のスパンで考えなければならない。数十年のスパンで考えれば、5年や10年程度は誤差の範囲だ。

この点、文系思考から抜け出せない**ド文ちゃんは、データと照らし合わせることなどせず、「ソ連も70年で潰れたんだから、中国ももうすぐ終わりだ!」などと、調子っぱずれなことを、ノリで言ってしまう。**

そうではなく、やはりロジカルに、**「いつ崩壊するかはわからないさ。ただ、ソ連が急に崩壊したのを誰も見抜けなかったように、いずれそのときは来るはず。100年単位で見たらムリな体制だ」**くらいにとどめておくのが、中国崩壊論のあり方ではないだろうか。

トドメの一撃!

経済的自由と政治的自由が矛盾をきたしているのは事実だが、それでも中国崩壊は、あくまで長期的な話だと心得るべし!

32

同盟と戦争の考え方

バカの論

日米同盟を強化すると、
アメリカの戦争に巻き込まれる。
やはり同盟は破棄せよ！

教授の正論

日本を滅ぼしたければ、ぜひそうしてくれ！

同盟を強化すると戦争確率が下がる、ということは、これまでも幾度となく紹介してきた。感覚的にも、強いヤツと仲間になっていれば安全だ、ということはおわかりいただけると思う。ところが、さらに私が**「戦争確率が40％程度減少する」**と言うと、どうしてそうなるかわからないという人が出てくる。そこを説明していこう。

まず、のっけから恐縮だが、この論は私のオリジナルではない。

私はかつて、米プリンストン大学で国際政治・関係論を学んだ際、「民主主義国家同士は、まれにしか戦争しない」という民主的平和論のさきがけで有名なマイケル・ドイル教授の下で、主に数量分析を中心に平和論を勉強した。そのとき出会った本に、エール大教授のブルース・ラセット氏とアラバマ大教授のジョン・オニール氏によって2001年に出版された『Triangulating Peace』がある。日本語で言えば、さしずめ「三角関係の平和」あたりになろうか。

この本で彼らは、1886年から1992年までの戦争データについて数量分析した結果、**同盟関係を結ぶことで40％ほど戦争のリスクが減少するという実証結果を提示**した。計算の仕方は割と単純で、同盟関係の有無や国際的に貿易の緊密度などから、戦争のリスクを数量的に判断している。

このホームページを見れば
戦争確率がハッキリわかる！

（URL＝http://www.correlatesofwar.org/）

この数量分析のベースとなった戦争の基礎データは「COW：the Correlates of War Project」（戦争の相関プロジェクト）のウェブサイトで公開されている。主要な資料は、1816～2007年の戦争データだ。ここでは、「1000人以上の戦死者を出した軍事衝突」が戦争と見なされており、戦闘の種類は「国内」「国家間」「それ以外」に分けられている。

　先述のラセット氏のほか、戦争の分析をする学者のほとんどが、このデータを使用している。そのため、**アメリカのような軍事強国と同盟を結ぶと戦争確率が40％程度減少する、という分析結果は、安全保障の研究者ならばほぼ共有している話**だ。

日本では、同じような研究をしている人は、私のほかには数人しかいないというから、大変珍しがられるが、戦争のリスクについて、こうしたデータをもとに数量分析するのが世界の常識だ。日本の左派のように「集団的自衛権を認めれば戦争になる」というバカな議論は、国際関係論の実証分析で軽く否定できるのだ。

あくまで確率だから、戦争のリスクは決してゼロにはならないが、少なくとも現在も、ラセット氏らが計算した戦争リスクを押し上げるような新データは出てきていない。

したがって、ロジカルに「戦争にならないための最善手」を考えるのであれば、まず同盟を強化するよりほかにないという答えにしかならない。これが真のリアリズムだ。

現在の日本は、かつてないほどアメリカと緊密な関係を築いており、その意味で**日本の戦争確率は過去最低の確率になっている**はずだ。まさにリアリズムに徹した政治の〝結果〟である。

トドメの一撃!

同盟強化で戦争に巻き込まれるというのは根拠レスのバカ論。「雰囲気」の議論が、データの分析結果に勝てるはずがない!

33

宇宙開発は役立つのか？

バカの論

はやぶさ2は成功したが、
費用はまさに天文学的。
こんなの、割に合わないだろ。

教授の正論

**合うか合わないかは
将来次第。
費用を国債でまかなえば、
まだまだ新技術は
開発できる！**

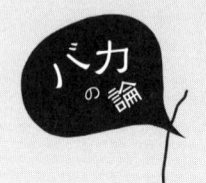

探査機はやぶさ2が、C型小惑星（炭素質＝Carbonaceousの惑星）「リュウグウ」への着陸を成功させた。はやぶさ2が打ち上げられたのは2014年12月3日で、リュウグウに到着したのは2018年6月27日と3年半をかけた長旅だった。

リュウグウは、地球の近くを公転する直径約900メートルの小惑星である。はやぶさ2は着陸とともに、小惑星に小さな弾丸を発射し微粒な物質の採取にも成功した。はやぶさ2の目的は、世界に先駆けてC型小惑星からのサンプルリターンを行うことだ。小惑星内部を調査するために、大きな弾丸による人工クレーターを作るサンプル採取技術の実証も目的としている。

一時は予算削減で実施も危ぶまれていたが、いまのところ大きなトラブルもなく、リュウグウへの二度目の着陸も予定されている。このことから、宇宙開発を含めた科学技術予算はどうあるべきかについて、改めて考えさせられるのではないだろうか。

何をするにしても、まず費用対効果を考えて行動することが基本だ。しかし、宇宙開発などの新技術の場合、実用化は遠い将来の話になるため費用対効果が測りにくい。

そうなると、得てして**「効果がわからないのなら、やめればいいじゃん」となりがちだが、それこそ「バカ」な議論である。**新技術がどうなるかわからないからこそ、やってみるのだ。そうでなければ、技術の進歩というものは実現し得ない。

ひとつの可能性を掘り下げていけば、いずれは当たる。新技術の開発については、そういうノリでいい。いますぐではなく、将来的に費用対効果が必ず出てくると信じて取り組んでいく。つまり、すぐに結果が出ない基礎研究についても、一定量まんべんなくやっていかないとダメなのだ。**実際にやってみて、「ノーベル賞」を勝ち取るか、はたまた「イグノーベル賞」（これはこれで名誉だが）に向かうかは、「神のみぞ知る」でかまわない。**

その点、はやぶさ2の場合は、C型小惑星からのサンプルリターンが「世界初」だという重要な意義がある。なんであれ、「初」というのは大事なことなのだ。なぜか。

初めてのことには想定外の困難がともなうため、そうした経験が目に見えない財産となっていくからだ。**費用対効果の観点でいえば、費用がいかほどであっても、自分たちにしかないスキルを得られるのだから、効果は無限大**といっていいだろう。だからこそ、こうした**科学的なプロジェクトに関して、一般的な公共事業などと同じような感覚で費用対効果を測るのは、〝野暮天〟以外の何ものでもない。**

ちなみに、はやぶさ2にかかわる事業期間は2010年度から2021年度までで、総事業費は289億円だという。初年度の10年度では、概算要求15億円に対し、民主党政権交代直後に要求を差し替え、さらに事業仕分けで削減され、最終的にはわずか3000万円となってしまった。

ところが、10年6月に初代はやぶさが帰還すると、国民からの要望が後押しとなって11年度の予算は30億円になったのだ。もし、**初代はやぶさの活躍と国民の要望がなければ、この科学的に非常に意義深いプロジェクトは、消えていた**かもしれなかった。

予算額とは将来への投資額のこと。科学技術や教育は将来投資なので、予算＝投資が減れば、当然、大したリターンも望めない。これでは、国は先細りになるだけだ。

だからこそ、こうした**科学技術や教育への投資は、国債で行ったほうがいい。政府が投資先を選別できないのであれば、ふるさと納税の応用版で寄付金税額控除による「未来投資納税」を作り、国民に将来性あるプロジェクトに投資してもらう。**この国の未来を考えれば、こうした柔軟な投資スタイルも必要なのではなかろうか。

トドメの一撃!

予算不足では新技術の芽も摘んでしまう。はやぶさのように国民の要望に応える投資もひとつの手だ。

34
情報収集の作法

バカの論

最近の若い人は、
新聞を読まなくなっている。
こりゃ、ケシカラン！

教授の正論

いや、それが正解。

私がよく聞かれるのが、次のような質問だ。

「先生は、どのようにして情報を収集しているんですか？」

それに対する答えは、いつも変わらない。

「世の中に転がっている一次情報、ファクトを見るだけで十分だ」

そもそも、**ファクトに迫ろうとしても、主義主張をにじませて報道するマスコミを情報源にしていたら、まず事実をフェアに見ることはできない**。だいたい、新聞やテレビは事実だけを報道してくれればいいものを、妙に持論を押しつけてくるから始末が悪い。私が興味を持つのはファクトのみであって、マスコミの意見ではないのだ。

データでも載っていればまだ読む価値はあるが、まともなデータ、図版はほとんどなし。正直言って読むに堪えないのに、これで有料なのだから、あきれ返る。

私が役所勤めをしていた時分から、マスコミは官僚の出すペーパーに頼らなければ記事を書けなかった。大蔵官僚時代、省が作った資料をマスコミに渡す広報的な仕事をしていたことがあったが、自分が作った資料に記者が群がる光景を見て、当時から「マスコミなんて、しょせんこの程度だ」と思っていた。

上司からも、「髙橋、ハトに豆をまいてこい」などと言われたものだ。いや、紙を欲し

がるから「ヤギ」か。事実、マスコミを「ヤギ」にたとえる連中もいた。

このことは、官僚がマスコミの分析能力不足をいいことに、記事の方向性をコントロールしてきたことを意味する。消費増税が必要だとする財務省のキャンペーンなどは、その典型だろう。曲がりなりにもジャーナリズムを標榜するのであれば、ふざけたキャンペーンには断固としてツッコミを入れる鋭い切れ味が欲しいところだ。

だが悲しいかな、財務省による増税キャンペーンなども、軽減税率の適用が欲しいこともあって、批判的な記事を書くどころか増税やむなしの機運を煽っている感すらある。この原稿を書いている時点で、**消費増税はほぼ決まりだが、ぜひ安倍首相には思い切って新聞以外の全品目の軽減税率、新聞のみ10％の税率適用ということにしてほしい。**

無論、私は長らく新聞を購読していない。思えば、新聞をとらなくなったのは官僚時代だから、すでに20年以上が経過している。それでも、まったく困ることがない。むしろ、**新聞を読んでいないと余計な情報が入ってこないから、かえってスッキリする。**

もちろん、テレビやラジオでニュースの解説をする際は、ネットでヘッドラインだけはチェックしておく。また、私が勤めている大学には新聞のデータベースがあるので、必要があればそれを読むくらいだ。

だから私は、新聞に書かれている〝ネタ〟のことなど、ほとんど知らない。細かい情報に関しては、一般ピープルと同じかそれ以下だ。安倍首相や政府高官と知り合いではあるが、だからといって、そういった人たちから情報を得ることもない。

「それで、よくニュースの解説ができますね」と言われるが、いまは各省庁の発表もホームページを見れば全部読むことができる。予算書もネットからタダで全部仕入れられる時代だ。さらに、官房長官の会見なども、すべて視聴することができる。

私は、このようなスタイルで長い間活動を続けてきたが、それでも見立てがまったく違うと言われたことはない。実際に、ほぼ間違えない自信もある。**真実がそこにあり、理論をもってロジカルに考えていけば、おのずと答えは出てくる**のだ。私はムリ強いするのもされるのも嫌いだが、「ファクトで十分、論は不要」というのが情報収集の鉄則だということは、覚えておいて損はないと思う。

トドメの一撃!

新聞を毎日読むなんて、お金と時間のムダ。結局、ヤギのえさレベルだろ。

35

数学と論理的思考の関係性

バカの論

子どものころから数学が苦手で、
いまでも数字を見ると
ちょっと吐き気が……。

**数学をムリにやれとは言わない。
ただ、50メートルを9秒で走る
レベルさえあれば
世の中の見え方がだいぶ
変わるのだが……。**

政策決定の場はもとより、ビジネスの現場でも「この人の話には説得力があるな」と思うときには、必ずその論に数字の裏づけがある。

逆に言えば、多く人はテキトーに聞いているようで、実は漠然としたプレゼンでは納得していないということ。実際、自分が会社の上長であれば、部下が数字も出さずにぼやっとしたプレゼンをしていたら、「数字を出せ、数字を！」と言いたくなるだろう。

「わが社の利益を最大限にするため、鋭意努力いたします」と言われたところで、何を目標にしてどう頑張るのかが見えてこなければ、それは単なる精神論にすぎない。ところが、こうしたフワッとした議論が、いまの日本に横行している。それはなぜか。

すべての要因をここに帰することはできないが、やはり国民のためのスピーカーたる大手新聞やテレビが、数字の根拠が怪しい話を平気でしゃべっているのが一因ではないか。本書でも書いたように、実際問題、著名ジャーナリストや大手マスコミが、なかなかに見過ごせないほどのテキトー理論、事実をばらまいている。

これは大きな問題ではあるものの、ダマすヤツもヤツなら、ダマされてしまうほうも言っては何だがアウトだ。**情報を受け取る側の多くがロジカルに物事を考えるのであれば、おかしな論というのは世にはびこらなくなる**からだ。

しかし現実は、受け手の愚かさをいいことに、発信源も自身の権威を最大限に生かしながら、相も変わらずテキトーな情報を垂れ流す。一応、権威があるとされる省庁や大手マスコミが発信源で、それも自信満々で言うものだから、国民もコロッとダマされてしまう。人間、どうしても権威への防御力が低いものだから、ある程度は仕方ない面もあるが、ここで思考停止してしまっては〝バカの壁〟は超えられない。

だからこそ、ロジカルな思考法を身につける必要があるわけだが、その大きな武器となるのが数字、数学である。

とはいえ、何も高尚な数式を覚えろと言っているのではない。

数学のレベルを徒競走にたとえるなら、50メートルをせいぜい9秒くらいで走れるならオーケーというところだ。念のため言っておくが、100メートルではない。あくまで50メートルだ。私が見るところ、現状は50メートルを13秒くらいかかっている人が多いから、それを少し訓練して徐々に9秒台にしていけばいい、というイメージだ。

そもそも、日本に数学アレルギーのある人が多いのは、教育方法にも関係している。

数学の先生でも数学科を出た人はほとんどいないうえ、「数学教育学」なる学問があり、公式を覚えることを強要している。覚えていれば便利なこともあるので公式を覚えさせるだけならまだしも、掛け算の順番がどうのこうのなど、本質から外れまくりのことを教えるから、子どもたちもたまらない。これでは数学嫌いを量産するだけである。だから、身の周りにある数字ですら、生かすことができない。

たとえば、天気予報の降水確率を見てみよう。これは、世界中から集められた天候データを、スーパーコンピューターで計算したうえで出てきた、きわめて統計学的に精緻な数値だ。もちろん間違うこともある。間違うこともあるが、降水確率70％なら、まず傘を持って出かけるだろう。自分の意思、好み、イデオロギーで「たとえ100％でも傘は持たない！」という人は、まずいないはずだ。

一方で地震の予測も、賛否両論あるが続けられている。南海トラフ地震を例にとると、今後30年以内にマグニチュード8の地震が起こる可能性は80％だ。ただし、この数値を見て、いますぐ引っ越しや防災用グッズの買い増しに走る人はいないだろう。なぜなら、これは大雑把な数値だと感覚的にわかっているからだ。

もちろん、仕事の関係などでどうしても引っ越さなければならない場合は、その移転先のハザードマップくらいは見たりするだろう。だが実際、先ほどの**南海トラフ地震の数値で言えば、今後30年で8割ということは、統計的にはざっくりだいたい今後4年くらいで**

1割くらいとなる。つまり、家を買うなどということでなければ、いますぐあたふたするような確率ではないのだ。

おそらく、そういうことは肌感覚でわかっている、いや、肌感覚でしかわかっていないからこそ、数字的には大したことないことに対しても、マスコミなどはときに大騒ぎしてしまうのだ。その最たる例のひとつが、私が事あるごとに指摘している財政破綻や、年金など社会保険料の問題である。

こちらは確率で話を進める。当然、確率だから10割でアウト、セーフなどあり得ない。ところが、イチロー氏や大谷翔平選手が、打率10割など達成できるわけないのに、政策レベルでは、あたかも100%が当たり前のように答えを求める。

「中国は、もうすぐ崩壊する」「安倍政権は、何ひとつ成果も出していない」というバカげた主張が、その典型と言えるだろう。

100個の主張すべてが外れたら、それはガセ認定でいい。しかし、ひとつやふたつ外れることなど、天気予報を見るまでもなく、しょっちゅうある。そんなことで一喜一憂したところで、何の意味もない。問題は、そこから何が導き出せるかだ。

そこで見るべきなのが、数字があるかなしか、なのである。ロジカルに考えるには、ど

うしても数字の裏づけが必要だ。

いまや大新聞の論説委員ですら、数字もわからずに「財政が破綻する！」と騒ぎ立てるくらいだから、逆に言えば、ちょっとした数字、統計、論理的思考のリテラシーさえあれば、世の中の大半のウソ、ホラ、デタラメを見抜くことができる。

つまり、この国のマスコミのレベルを見ていると、ダマされない程度の数学の力は、やはり必要だということだ。そう、「ダマされない程度」でいい。本項でも述べた「50メートルを9秒台で……」というのは、そのレベルのことであるし、**9秒台で走ることができるだけで、大きな武器になる**。

資料をフェアに見て、そこにある事実や数字からロジカルに考えて答えを出す。ここに、主義主張や好みが入り込む余地はない。無論、自分の思いを捨てる必要はないが、ことファクトに対してだけは、真摯に向き合うことがこれからの時代、ますます大事なのだ。

トドメの一撃！

何も難しい数式を覚える必要などみじんもない。ただ、事実の裏にある数字だけは必ず確認するクセをつけよう！

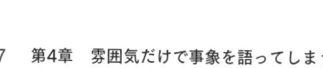

第5章

わからないことを平気で話す身の程知らずのバカ

36

ニュース番組の正しい見方

バカの論

ニュースは
池上彰さんの解説を
聞いておけば万事オッケー！

教授の正論

**自分の意見と他人の意見の
区別もつかない
ニュース番組など
観る価値なし！**

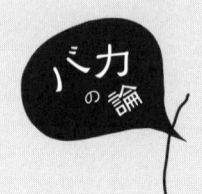

ジャーナリストの池上彰氏の番組制作をめぐり、インターネット上で話題になったことがある。元通産官僚で徳島文理大学教授の八幡和郎氏が、かつて池上氏の番組スタッフから取材を受けたが、八幡氏の意見を池上氏の意見として紹介したいと言われたとフェイスブックで明かしたことがきっかけだ。

これは私もツイートしたように、似たような経験がある。

古い話ではあるが、かつて池上氏がやっていたラジオ番組にゲストとして呼ばれた後、取材として話を聞かせてほしいと言われたので協力した。当然、またゲスト出演の依頼かと思ったが、「別のテレビ番組で取材内容を使いたい」とスタッフが言ってきたのだ。結局、放送ではボツになったようだが、いま思えば、私の話した内容を池上氏の意見として放送するつもりだったのだろう。このとき、「池上さんって人はダメだな」と思った。

ジャーナリストは取材をベースとして意見を述べる職種だが、**「自分の意見」と「取材で得た意見」の境界線があいまい**ではないだろうか。このことを指摘すると、しばしば「取材源の秘匿」を主張するが、それは取材対象者が主張した場合のみに許されること。なんでもかんでも取材先を秘匿したら、客観的な検証などできないではないか。

学者の論文なら、検証可能でないものは到底意味をなさないので、自分のオリジナルな意見と他人の意見の引用は厳格に区別される。そもそも、参考文献や出典を明確化しなければ、論文たり得ないのだ。

一方、マスコミ記事は総じて検証しにくいものが多い。俗に言う「ソース」が明らかでないのだ。池上氏のケースも、とりわけ**テレビのジャーナリスト文化にありがちな、ソースの明示をハッキリさせなくていい、というノリで行ったもの**だろう。

池上氏は周囲から「何でも知っていて、しかも、わかりやすく説明してくれる人」という〝神〟のキャラを作り上げられた感があるが、それがイヤなら拒否すればよかっただけ。キャラ作りを、拒否していない時点で確信犯である。知らないことを知っていることにしてしまったわけだから、いつかほころびが出てくる運命だったのだろう。

そうした〝神〟の部分をさらに神格化しようとしたのか、なんと自身の番組では「台本はありません」というウソまでついてしまったのだ。**ロジカルどころか普通に考えても、どんなテレビ番組にも台本があるということぐらい、いまどき、視聴者だって知っている。**

そのうえ、彼自身の素養の問題もある。

池上氏はＮＨＫ在職中に「週刊こどもニュース」のお父さん役でブレイクしたが、もともと別の仕事を希望していたという。ただ、「専門性がないから」という理由で願いはかなわず、やむなくあてがわれたのが「お父さん役」だった。

専門性がないから仕方なく「週刊こどもニュース」に出て、それがきっかけでブレイクしたのだから人生は何があるかわからない。もっとも、専門性がないだけに、台本なしでは話せないわけだ。逆の見方をすれば、書かれた通りのことを話すだけである。

なお、池上氏は、八幡氏の件では、「あってはならないし、あり得ない」と反論したというが、具体的な反証は提示されていない。

その他、池上氏の番組については、子役タレントを一般の小中学生として多数出演させていたことも話題になった。このケースにしても、**番組内で「取材協力者」「出演者」としてクレジットを明示すれば、問題にはならなかった**だろう。テレビ局がクレジットを出さないのは当たり前になってしまっているようだが、こんな適当なメディアの言うことを鵜呑みにすることこそ、バカのやることなのだ。

トドメの一撃!

「そうだったのか!」が「ウソだったのか!」では、視聴者に対しても失礼だろ!

37

社会保険料問題の本質

バカの論

将来もらえる年金が足りないのは、
国の社会保険政策が
間違っているからでしょ。

教授の正論

**それはハズレではないが、
問題の本質は、
実は「取りっぱぐれ」なんだな。**

「社会保険料」と「税金」は別もの。そう多くの人が思っているようだが、英語で言えば「ソーシャル・セキュリティ・タックス」で、事実上、税金と同じ扱いだ。「保険」と名がついていても任意保険とは違うので、保険料を払わなかった場合には強制的に徴収される。

ところが、日本では会社員の税金は国税庁、社会保険料は日本年金機構と全国健康保険協会（協会けんぽ）にそれぞれ収めることになっているので、特に社会保険料の徴収漏れなどの問題が起きやすい。社会保障を充実させたいなら、現在放置されている社会保険料の諸問題について対策を打つ必要がある。

その具体策が、**「歳入庁」の創設**だ。アメリカのソーシャル・セキュリティ・エージェンシーという、日本でいうところの国税庁と年金事務所が一緒になったような組織が毎年発表している資料「Agency Financial Report」によると、**税と社会保険料の徴収部門が分かれているのは日本だけ**だ。社会保険料というのは性格としてはまったく税金と同じだから、徴収する組織も「歳入庁」として一本化したほうが効率的である。

この歳入庁を、こちらも海外に比べて遅ればせながら導入された、「マイナンバー制度」による所得の捕捉と組み合わせることで、より効率的な徴収が可能になる。ところが、これを言うと財務省から猛烈な反発を食らう。私も、かつて第一次安倍政権において、歳入庁を創設しようとして財務省の猛烈な反対にあったことがある。

その理由は、「国税庁を財務省の配下におけなくなると、財務省からの天下りに支障が出る」という実にバカバカしいもの。財務省から切り離された国税庁が別の組織と合体するわけだから、新しい機関（歳入庁）は内閣府の下に納まる形になる。内閣府になってしまうと、これまでのように財務省が自由に人事を行えない。それがイヤなのだ。

もっとも、財務省が国税庁にこだわる理由もわからなくもない。というのも、**国税庁こそが財務省のパワーの源泉**だからである。財務省が最強官庁であるのは、予算編成権を持っているからというよりも、国税庁を通じて国税調査権を持っていることが大きい。**政治家も含め、すべての人の急所を握れる力があるわけだから、絶対手放したくない**わけだ。

そういう背景があるため、日本では歳入庁の創設は簡単にはいかない。実は、**第一次安倍政権が倒された最も大きな要因は、「消えた年金問題」に真面目に取り組もうとして歳入庁創設を検討したこと**である。

歳入庁を作れば、保険料を給料から天引きしておきながら保険料を納めないという〝不正〟も難しくなる。実は、**厚生年金として支払われるべき金額を、多くの会社がネコババしていたことが、消えた年金問題の本質**だった。「消えた」というが、もともと納めていないのだから「なかった」というのが正解なのだ。

そこで当時、社保庁から個人へ「レシート」を出すという発想で、私が作った制度が「ねんきん定期便」である。毎年送られてくる「ねんきん定期便」を見れば、個人がどれくらい払って、どれくらいもらえる見通しなのかがわかる。これを見ずして、「年金が少ない」「年金を返せ」というのは筋違いもはなはだしい。

もちろん、**国会前のデモに参加して「年金を返せ」という人には、返してもいいかもしれない。ただし、長生きしても一銭ももらえなくなるのが前提だから、いざ年を取ってから文句を言うのは反則**だ。

年金をもらう前に死んでしまえば金銭的には損だが、長生きしたら確実に得をする。それが年金という制度の本質だ。「ねんきん定期便」を見れば、その一端がわかるだろう。少しは勉強してからモノを言っていただきたい。

トドメの一撃!

税金と社会保険料の徴収が別組織なのは日本だけ。そのワケは、財務省が既得権益を守りたいためだけなのだ!

38

老後資金2000万円の内実

バカの論

いまから2000万円貯めるなんてムリ！
年金だけで生活できないなんて、
政府はふざけている！

**何言ってんの？
そもそも、
年金だけで生活できるという
考え自体が
間違いなんだけど。**

2019年6月に金融庁が公表した、資産形成に関する金融審議会報告書が話題になった。報道では、「95歳まで生きるには、夫婦で約2000万円の金融資産の取り崩しが必要になる」とされている。一方、実際の報告書の記述は、次のようなものだ。

「夫65歳以上、妻60歳以上の夫婦のみの無職の世帯では毎月の不足額の平均は約5万円であり、まだ20~30年の人生があるとすれば、不足額の総額は単純計算で1300万円~2000万円になる」

この報告書の「2000万円の不足」だけをマスコミが切り取り、高齢者世帯の貯蓄額を出さずに報道したため、「いまさら年金をあてにするなと言うのはおかしい」とネットで過剰反応したり、デモに参加して「年金を返せ」と騒ぐおバカさんが出てくる。

総務省家計調査によると、60歳以上の2人以上世帯の平均貯蓄額は2366万円だ。そうであれば、不足額の2000万円はまかなえることになる。

ここで重要なのは、公的年金について「不足している!?」「ひょっとしたら破綻?」と一般の人が考えるほうが、消費増税を狙う財務省にとって好都合だということだ。「年金充実のためにも消費増税」と主張できるからである。

そこで金融庁による報告書が意味を持ってくる。金融庁は財務省から分離された組織で、年金は単純な保険原理でできている！

20〜70歳＝50年間、保険料を支払う

所得×保険料率×年数＝所得×0.2×50＝所得×10

70〜90歳＝20年間、年金を受け取る

所得×所得代替率×年数＝所得×0.5×20＝所得×10

↓

つまり、保険料率と所得代替率は
密接な関係があるということ！
これを大幅に変えるのは、ほぼ不可能だ!!

いまの金融庁幹部は財務省に入省した人たちだから、財務官僚と同じ遺伝子を持つ。そのため、**マスコミが過剰反応し「年金が不足する」と報じるのを金融庁は見越して、報告書でもその部分を強調した**はずだ。結果として、「年金不足だから消費増税」と言う財務省や、「年金不足のために金融商品」と言う金融機関営業マンのお先棒を担いだことになる。

では、日本の年金制度は破綻するのか。答えはノーだ。上の図式のように原理も単純であるがゆえ、人口を読み間違えなければなかなか破綻の事態は招きにくい。

ちなみに、人口予測のキモは出生率だが、いまの制度のベースになっている「2002

年人口推計」は20年近く間違っていない。ある意味予定通りの少子化なので、年金制度は潰れない。

年金について政府に文句を言っている立憲民主党などは、前身の民主党のときに、年金の本質が保険であること、実質的に賦課方式であること、すでにマクロ経済スライドを導入していることを否定せず、それまでの制度を維持したことをお忘れなのだろうか。

いずれにせよ、年金制度の設計は数式を必要とする専門分野だ。**ハッキリ言って、具体的な年金額の話などは、おバカな政治家の手に負えるものではない**。だから、年金は本来、政治課題にはならない。世界の先進国を見ても、年金制度の大改正は与野党を超えた超党派による専門的な組織で行うものなのだ。

したがって、**年金制度の根幹を政争の具にしてはならない。たとえ政権交代しても、そのたびに年金制度を変えることなど不可能なのだから、争うだけ時間のムダ**なのだ。

トドメの一撃!

年金制度は、本来は政治課題にならないネタ。立憲民主党よ、政権担当時にスルーしておいて何をいまさら?

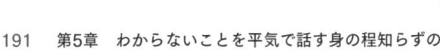

39

デフレ脱却のための最適解

バカの論

デフレ脱却ができないのは
3本の矢の3本目、
成長戦略がイマイチだからだ！

教授の
正論

ゴメン。
「成長戦略」という
ミクロ政策では、
デフレ脱却は
ムリなんだけど……。

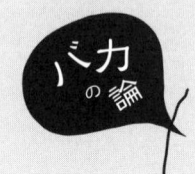

日本経済は、第2次安倍政権以降、大胆な金融緩和・財政出動・成長戦略という「3本の矢」によって、雇用が回復するなど力強く再生したが、いまだにインフレ目標の2%は達成できていない。デフレ脱却のための最適解は、果たしてあるのだろうか。

実は**答えは簡単で、何度も言ってきたように金融緩和と積極財政しかない。アベノミクスの大胆な金融緩和、そして財政出動をもっともっと行えばいい**のである。

金融政策や財政政策といったマクロ経済政策によってデフレ脱却ができるというのは、世界の常識だ。デフレとは持続的な物価の下落のことを言うが、物価を上昇させることができるのは日銀と政府だけ。つまり、もっとマネーを出せばいい。

ただ、どうもそれだけでは飽き足らない輩もいるようで、いろんな人がもっと有効な手立てはないかと、探してきてはワケのわからない提案をする。マクロ経済政策以外は効果がないのに、意味のない「バカ成長戦略」をあれこれ言ってくるのだ。

そもそも「3本目の矢＝成長戦略」は、ミクロの政策だ。ミクロ政策で、成長に寄与するものはほとんどない。つまり、**デフレ退治にミクロ政策は基本的に効かない**のである。

ただ、ミクロなだけに分野ごとにネタがたくさんあるので、新聞にとってはありがたい。だから、人々が面白がりそうなものをつまんできては推したりするのだが、残念ながらほとんどがムダ弾。**日経新聞が「成長戦略が重要だ」としきりに主張するのは、新聞のネタがないから書いているだけ**だとしか思えない。

真面目に「効果がある」と思って書いているのか、わからないで書いているのかは不明だが、毎回、経済成長にかすりもしないネタをぶち込んでは外れまくっているあたりは、まさに〝ブーメランレベル〟のマヌケさである。

実は、私も安倍首相に、ミクロ政策がデフレ脱却の役に立たないことを伝えている。**「まあ、フリとして300個くらいネタを出しておけばいいんじゃないですか。ヘタな矢も数を打てば当たります。こういうのは、効果よりも『やっていますよ』という姿勢を見せることが大事なんです」**

安倍首相も、「おうおう、わかった、わかった」という感じだったので、まあ理解しているのかな、と思った次第だ。ただし、大学時代にアーチェリー部だった安倍首相に、「ヘタな矢」と言ったのはマズかったかもしれないが……。

実は成長戦略は、世界的にはあり得ない政策だ。普通の先進国でやると利益誘導と思われてしまうので、政府が成長する産業を見つけリードするなどということはしない。唯一、わが日本の経済産業省のみそういうのが大好きだが、労多くしてなんとやらで、仮にプロジェクトが始動したところで、成長にはあまり寄与しないのが実際のところだ。いわば、官僚の自己満足にすぎない。

成長戦略の中身について、シンクタンクなども個別にいろいろ出してはくるものの、これも国の政策としては意味がない。ほとんどがジャンクの世界だ。私も経済財政諮問会議にいたとき、どうせ口だけでやらないし、やっても意味がないことを知っているから、**いろいろな人が書いた成長戦略の案を「ジャンクコーナー」と呼んでいた**ものである。

ミクロ政策で多少意味があるとすれば、数を打てばたまに当たるので業界が潤うことと、せいぜい規制緩和くらいだろうか。ただ、これとてデフレ脱却の原動力になるとはとても言えず、あくまでマクロ政策の補完的な役割でしかない。

マクロとミクロを混同する人は多いが、この違いを理解すれば、〝バカの壁〟を1枚越えることになる。これだけは間違いない。

トドメの一撃!

国が率先して「成長戦略」を打っているのは日本だけ! そもそも、デフレ脱却には金融緩和と積極財政しかないのに……。

40
日本の統計の悲しい現状

バカの論

統計不正は
アベノミクスの失敗を隠すためだ！

教授の正論

**あちゃー。
攻めるポイントは
そこじゃ
ないんだが……。**

厚生労働省が、賃金や労働時間を示す毎月勤労統計調査で「不適切な」調査を続けていたことが発覚した。私のように統計数値を使う者にとっては、この一件は「ふざけるな」のひと言だ。厚労省の毎月勤労統計は、何度か分析にも使ったことがある。

なぜこんなことが起こったのか。**大きな理由は、統計関係者の数が減少したこと、そして残っている統計担当者がド素人だから**、である。

欧米でも統計関係者の数は近年減少傾向にあるが、それとは比べものにならないくらい日本の統計担当者の数は減っている。特に統計部門の弱体化はひどいもので、直近の20年間で、**8000人いたものが2000人にまで激減**しているのだ。これは、ひとえに財務省の緊縮のせいである。

日本は世界では珍しく、分散型統計といって、省庁ごとに統計部門が存在しているのだが、**日本の統計部門には信じがたいことに統計の専門家がいない**。今回の統計不正の件でも、厚労省の統括官も部長もド素人で、また実働部隊でも博士号を持っている人はいないという。つまり、統計部門でありながら、統計について誰も何もわからないのだ。

厚労省の毎月勤労統計で本来調べなければならないのは200万事業所だ。さすがにこの数を調べることはできないから、3万事業所程度を抽出して調べる。統計上、これくら

どんどん心細くなる日本の統計の現場

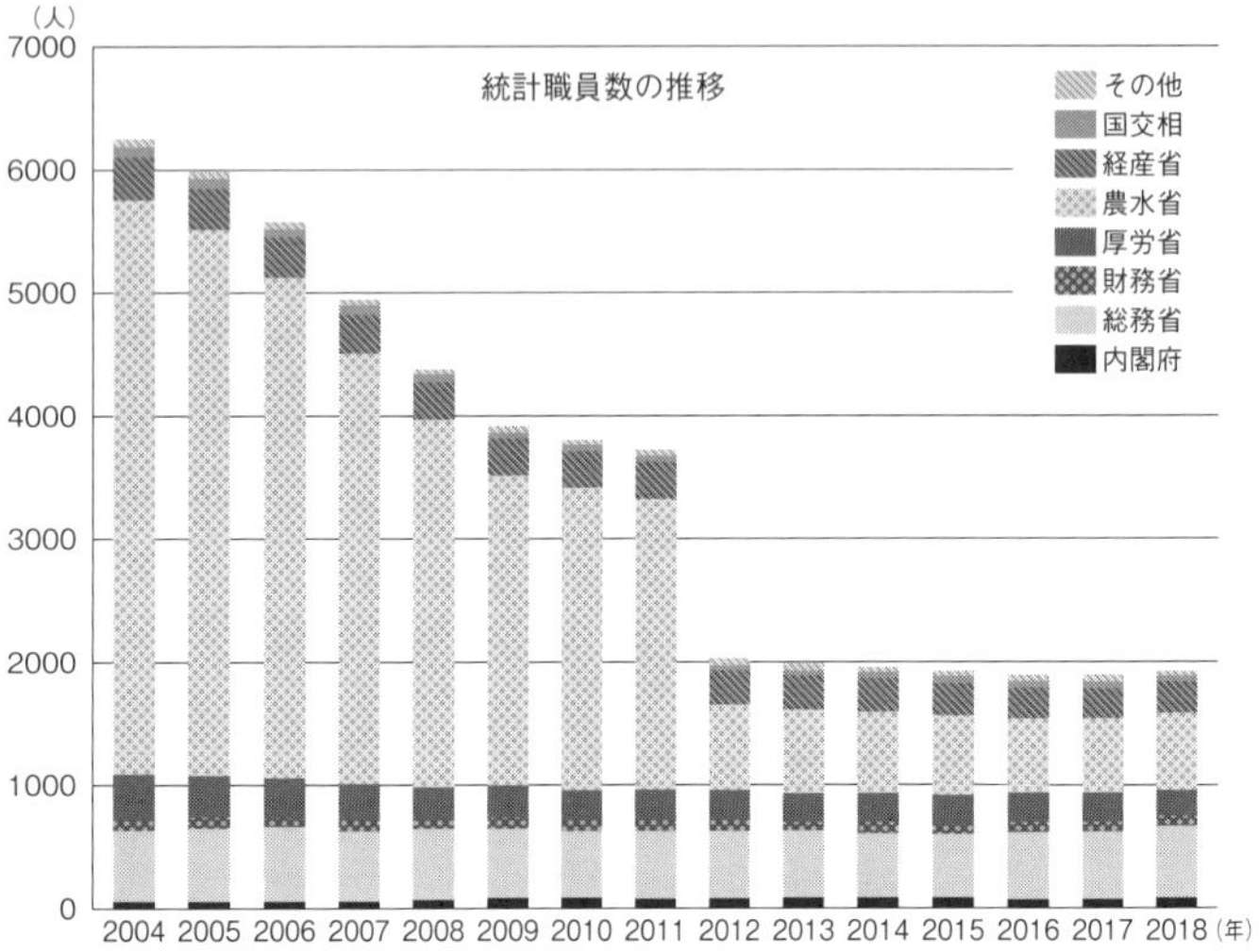

資料：総務省

いのサンプル数であれば、全体を調べた場合の数字とほぼ同じになることがわかっている。

ところが、東京都だけちょっと端折って、2万9000事業所だけ調べたのだという。この場合、2万9000で割り算をすればまだよかったのだが、分母も端折った結果、出た数字が上振れしてしまったのだ。

上振れしたのは事実だが、それでも0・3％程度の違いでしかないので、プロが見てもなかなか見破るのは難しい。実際に、私も正しい計算をしてグラフを重ね合わせてみたが、ほとんど変わりはなかった。

ただ、大した影響がないからいい、ということには当然ならない。全数調査のルールに反して抽出調査をしたというのは、つまりは「虚偽統計」である。もちろん、これは統計法違反にあたる。

こうした事件が起こったことを奇貨として、すぐに専門家を増やすべきだ。それも分散統計ではなく、役所と少し離れたところに独立した統計部門を置くようにする。統計というのは汎用性がかなりあるので、**仮に厚労省の統計を経産省がやれと言われても、専門家であればすぐに対応できる**。また、統計部門が役所と違うところにあったほうが、統計の信頼性も高まる。

こうしたことにツッコミを入れることこそが、野党やマスコミの役割というものだろう。野党としては、「アベノミクス失敗の隠蔽だ」などと関係のないことを言うのではなく、「対策として、予算を増やして博士号を持つ人材をたくさん採用しろ」とか、「組織を独立部門として新しくすべき」とか言うべきだった。つくづく、ツッコむところがズレている。

トドメの一撃!

統計不正は許しがたいが、野党のツッコミもお粗末。「統計部門を強化しろ」くらいのことは言ってくれ……。

41

生活保護の不正受給の減らし方

バカの論

生活保護の不正受給は
絶対に許せない！
必ず撲滅せねば！

教授の正論

**不正受給は
確かにいけないけど、
撲滅はかえって不経済だな。
もっと、根本を見ようよ……。**

最近、『ファクトフルネス』という本が流行ったと聞いた。思い込みでなくファクトをもとに考えましょうという趣旨には賛同するが、なかには「だから、何だってんだ?」というネタが含まれているから、印象としてはイマイチな感が否めない。

さらに、その本の特集をした日本の雑誌に「生活保護の不正受給が騒がれているけど、データ上は大したことはないよ」という趣旨のデータが示されていた。これなどは、本に輪をかけて「だからどうした?」というネタの典型だ。

非常に単純なのだが、生活保護の金額の上下は失業率と関係する。**失業率が低い現在は、そもそも生活保護を受けている人が少なくなっているから、それにともなって不正受給も減っているというだけ**だ。

そもそも不正受給が問題になったのは、生活保護受給者の数が増えたことにより、不正を働く輩も増えたということにすぎない。失業率を減らせば、生活保護の受給者も減るのだから、それにともなって不正を働く人間の数も減るのである。

データを見るまでもなく、失業率が下がれば生活保護をもらう人が減るということは多くの人が理解するところだと思う。こんなものは、原因がわかっている人間からすれば、何をバカな話をしているのかという印象しかない。

受給者の数は横ばいから下降へ？

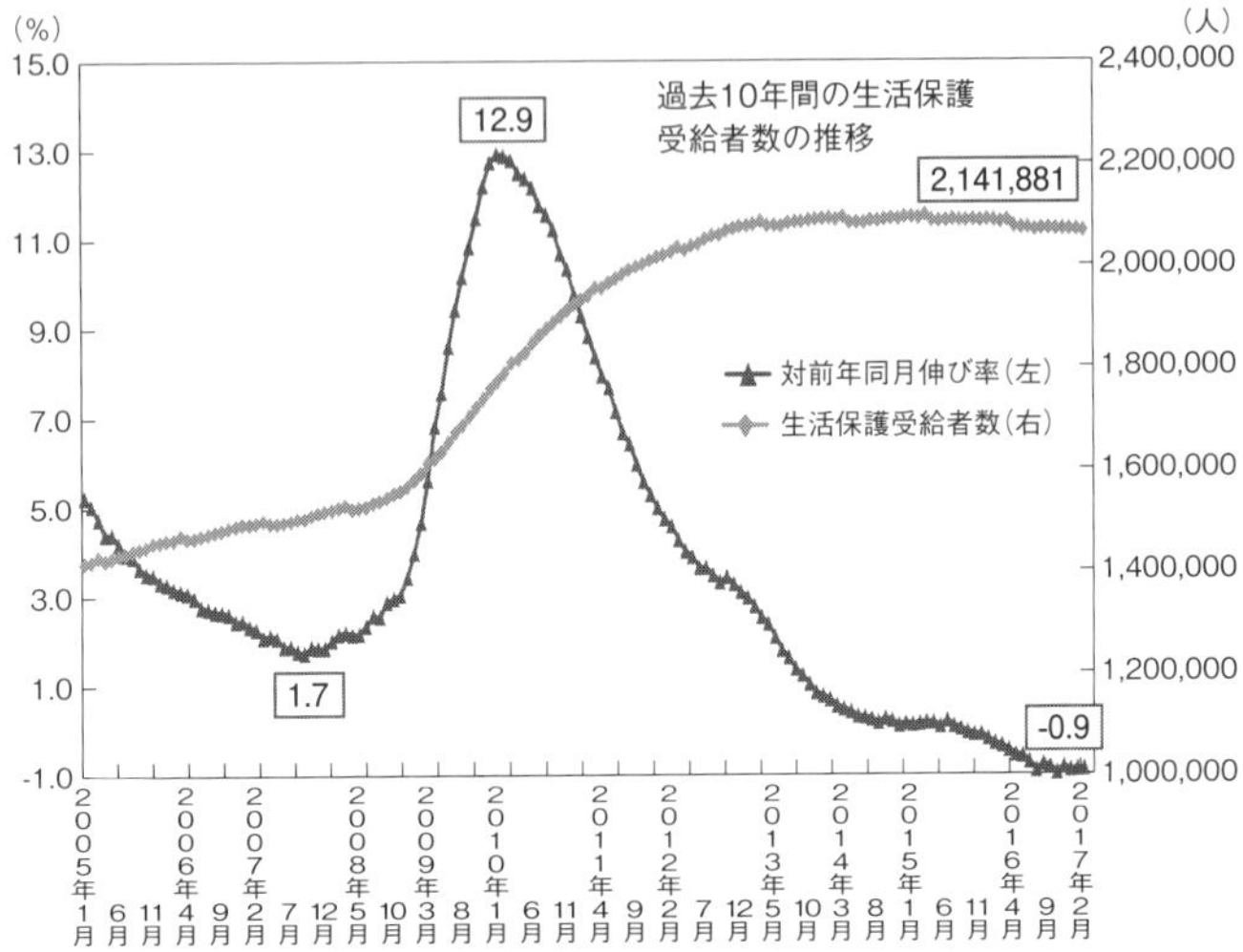

資料：福祉行政報告例、被保護者調査（※2015年4月以降は速報値）

ロクに調べもせずに、不正に生活保護を受給している人の数が減ったことを喜ぶ人たちもおまぬけだが、そうした記事のベースを作ったともいえる「不正受給問題」を必要以上に煽ったマスコミもバカだ。

もちろん、不正受給者をかばっているのではない。どんな状況でも不埒なヤツというのは一定数いるものだから、不正受給がゼロになることはない。ただ、**不正受給を撲滅しようとすることに血道を上げるのは費用対効果が合わない**、と言いたいだけである。

仮に頑張って不正受給を撲滅しようとすると、純粋に生活保護がなければ生きていけない人も被害を受けることになってしまう。その意味で、「不正受給は意外に少ないんですよ」という〝ファクトフルネス〟も、「不正受給者がいることは問題だ」というマスコミの主張も、趣旨は逆ではあるものの、**論の組み立てが雑であるという点では同じ**である。

私が言いたいのは、不正受給を減らすには、生活保護受給者の全体のパイを減らせばいいということ。そしてそれをどう実現するかといえば、失業率を減らす政策を打つ。具体的には金融緩和をして需要を喚起し、そのパワーでもって雇用を増やすということだ。

こんなことを言うと「また髙橋は同じことを言っている」と思われるかもしれないが、私が言いたいのは、政府が失業率を減らす対策をすると、さまざまな社会不安の要素がなくなっていくのは事実だということ。**効果が何倍にもなる政策だからこそ、私は雇用増＝失業率の減少にこだわる**。ツッコミを入れるのなら、具体的な政策を示さなければ無責任であるということを、メディアは特に知るべきである。

トドメの一撃!

木を見て森を見ない輩があまりにも多い。どうせツッコミを入れるなら、具体的な方策を示してネ!

42

ギャンブルの確率論

バカの論

ギャンブルは勝てないというけれど、
博才があれば話は別。
ドカンと当てりゃ儲かるよ。

数学の授業、やり直し！

パチンコ、パチスロ、競馬、競輪……。私たちの周りにあふれるギャンブルは、その手軽さゆえに大きな問題を引き起こしている。いわゆる依存症だ。ギャンブル依存症とは、娯楽の範囲を超えても賭け事をやめられない、れっきとした〝病気〟である。世界保健機関（WHO）も精神疾患に認定している。

ギャンブル依存症になる人は、間違いなく確率計算ができないタイプだ。私などは、ロジカルに考えるまでもなく、「ギャンブルにおいて勝つのは胴元だけ」とすぐにわかってしまう。**長期的には絶対に負ける仕組みになっているものを、大事なお金と時間を使って行うというのは、どう考えてもバカバカしい**。

もちろん、短期的であれば勝つこともある（そもそも短期的にすら勝てなければ、誰もやらない）。では、この長期的には必ず負けるという仕掛けは、一体どうなっているのか。

賭けた金額に対してのリターンを「期待値」と表現するが、ハッキリ言って期待値がプラスになるギャンブルなど、基本的に存在しない。**特に日本のギャンブルはひどいもので、胴元の取り率が世界の標準よりもずっと高く設定されているものが多い**。競輪や競馬、ボートレースなどの公営ギャンブルでは、賭け金の2～3割を胴元が自動的に持っていく。パチンコも同様の取り分を確保したうえで客を遊ばせているから、**売上さえ上がれば絶対**

ギャンブル等依存症・遊技障害の恐れのある日本人の数

対象		ギャンブル等依存症の疑いのある人（公営ギャンブル等・パチンコ
直近1年間	該当人数	**70万人**
	成人人口に対する割合	**0.8%**（125人に1人）
	遊技人口に対する割合※	**6.4%**（16人に1人）
1年以上前を含む	該当人数	**320万人**
	成人人口に対する割合	**3.6%**（28人に1人）
	遊技人口に対する割合※	**29.1%**（3人に1人）

※遊技人口を1,100万人と仮定（H29.8.24 社安研発表結果より）

生涯を通じてギャンブル依存症になった疑いのある人の割合

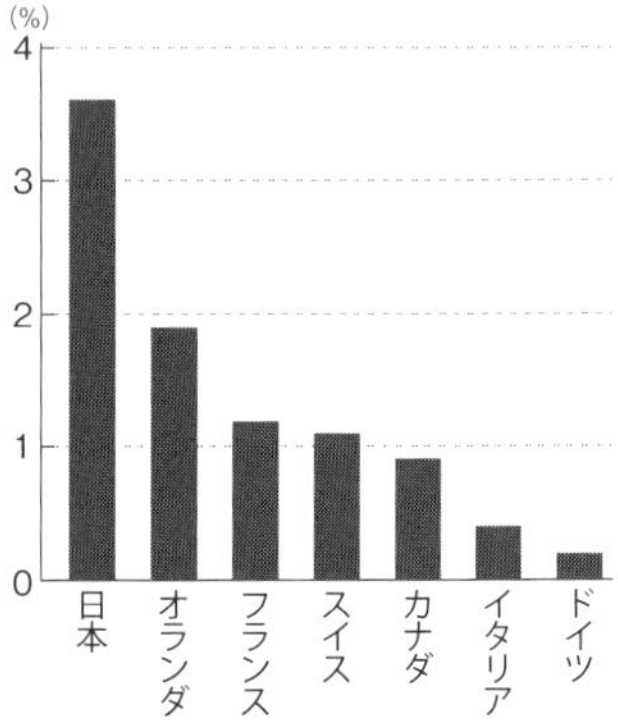

資料：2017年、久里浜医療センターの樋口進院長調べ

に儲かる仕組みになっている。

世界標準では、胴元が取るのは5％程度だから、いかに日本のギャンブルがボッタクっているかがわかる。それでも、日本ではそんなバカなことを平気でやる人がまだまだ多い。

私はある番組で、会社のお金をカジノに突っ込んで話題となった大王製紙の井《い》川《かわ》意《もと》高《たか》元会長とバカラをやった際、「高橋さんは絶対にのめり込まないタイプですね」と言われたことがある。私の手順が、ギャンブラーのものではないというのだ。

それはそうだろう。井川氏のようなギャンブラーは、勝つ確率が低くても配当の高い一発に賭けることが多いが、私は確率計算をしているので、勝ちに一番近いであろう最善手を打つ。しかし、ゲーム性から何が最善手かは計算で出せるが、同時に「勝てない」こともわかる。**最善手を打ち続けて勝てないのなら、わざわざギャンブルをやる価値はない**。だから私のような人間は、ギャンブルにのめり込まないのだ。

確率の計算ができると、ギャンブルは「時間を使ってお金を損する」という答えしか出てこない。だから、私は**ギャンブル依存症の人には、数学を徹底的に教え込むのがいい**と思っている。胴元の取り分から期待値を計算できれば、ギャンブルというものがいかに勝てないかを身にしみて知ることができるからだ。

ギャンブル依存症の人を更生させる施設では、グループミーティングやスポーツ、ボランティアなどのプログラムを組んでいるという。今後は、ぜひそこに数学の授業を組み込んで、計算問題をガンガンやらせる時間を設けるべきではないだろうか。

トドメの一撃!

絶対に勝てないものにお金を突っ込んでどうする? 期待値が計算できればギャンブルから必ず足を洗える!

43

核のゴミ問題の解決策

バカの論

核のゴミは、
とっとと地層に埋めるべきだ！

教授の正論

**そりゃムリだろ。
普通の発想では、
いつまでたっても
解決できない。
ヒントは……。**

2011年3月に起きた福島第一原発の事故によって、主要電源としての原発はその役割を終えた感がある。ただ、稼働していようとしていまいと、原発がある限りは放射性廃棄物が増えるのが現実だ。いまなお増え続ける核廃棄物を、どう処分するのだろうか。

資源エネルギー庁のホームページには、次のようにある。

「2015年5月、従来の政策の見直しを経て、高レベル放射性廃棄物の最終処分に関する新たな基本方針が決定されました。その中で、現世代の責任で地層処分を前提に取り組みを進めることや、国民や地域の理解と協力を得ていくため、地域の科学的特性を国から提示すること等の方針が決まりました」

要は、最終処分場については場所を探していますよ、ということだ。地層処分、つまり地下深くに廃棄物を閉じ込めるにあたって、どこがふさわしいか、不適切であるかを科学的に検討した「科学的特性マップ」を作成したという。

原子力大国のフランスをはじめ、地層処分が最適であるとの認識が国際的に共有されているというが、技術的に可能でも、核アレルギーの強い日本人が「ウチの自治体に是非！」と手を挙げるとは考えにくい。**日本では技術的なことよりも、地域住民の了解を得ることのほうがハードルは高い**だろう。

であれば、自治体の許可がいらない場所に埋めることを考えるしかない。たとえば、世界でも有数の深さを誇る日本海溝などはどうだろうか。資源エネルギー庁によれば、処分場としてふさわしくない場所に、火山の近くや活断層の近くを挙げているが、それは陸地で処分する前提だからだ。**そもそも日本において、活断層を避けて埋めることなど不可能に近い。**どこに活断層があるかもわかっていない状況であるうえ、火山に遠くても地面を掘れば温泉が噴き出す日本で、これらを避けろというのはムリ筋だ。

だから、発想を思い切って転換し、海のなか、しかもプレートが沈み込む日本海溝に処理していただく。**核のゴミは、やがて勝手にマントルのなかに吸い込まれ、そのなかでドロドロにされてしまうだろう**から、問題はないと思われる。

日本海溝が気に入らなければ、宇宙に捨ててしまうというのはどうか。コストの問題はあるが、このあたりは技術の進歩によってクリアできる。**最も簡単なのは、太陽に打ち込んでしまうというプラン**だ。もともと核融合しているところに、核のゴミを打ち込んだところで、どうということはない。太陽系のなかで最も重力が大きい星だから、近くに打ち上げれば勝手に太陽に行きつく。打ち上げさえ失敗しなければオッケーだ。

「何をＳＦみたいなことを」と思われる方もいるだろうが、実はまったくその通りで、皮肉を言っているだけ。核のゴミ問題に関しては、情けないが現時点ではこんなことくらいしか思い浮かばない。**無責任なことをやってしまうと、解決の答えも無責任に見えてしまうようなものにしか行き着かない**ということだ。

原子力に関しては、いまさら責任を取りようがないというところにきている。福島第一原発の事故にしても、形式的に責任を問われた人物はいたが、実際に落とし前をつけるところまで至っていないではないか。

いまさらどうこう言っても始まらないので、現世代が努力するのは当然としても、基本的には将来世代に期待していくしかないのだと思う。**先人が見切り発車で始めてしまい、すでに核のゴミ問題を現世代に回しているわけだから、いまさら現世代ですべて解決と言われてもムリ**がある。人間は寿命のあるうちに自分の問題は片づける必要があるが、国家の問題は、国民が世代を超えて知恵を絞るしかない。そう考える必要があるだろう。

トドメの一撃！

無責任に始めたものは、解決の答えも無責任になる。国家の問題は世代を超えて解決していくしかない！

44

令和生まれのための勉強術

バカの論

2020年から学校教育が変わる！
勉強は子どものうちが重要だから、
なんでもやらせとかないと。

**それ、
かえって勉強嫌いを
作るだけなんだけど……。**

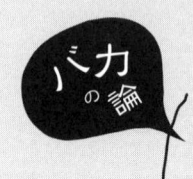

2020年度、日本の教育が大きく変わる。授業ではアクティブ・ラーニングという、より主体的かつ教師等と会話的に物事を考えるメソッドが取り入れられる。一方、大学受験においてはセンター試験を廃止し、「大学入学共通テスト」を導入。さらに英語学習も「聞く・読む・話す・書く」の4技能重視の授業、入試問題傾向になるという。

つまり、**学校教育においても、ロジカルシンキングが重視されるようになる**わけだ。もっとも、ダメ官僚の溜まり場である文科省のプロジェクトだけに、実際にどうなるか、掛け声倒れになるか否かは、神のみぞ知るといったところだろう。ただ、いずれにせよ、これまでと授業、入試のスタイルが変わるということは、当然、子どもがいる親にとって、非常に気になるところだと思う。

では、そもそも論として、勉強はどのようにすればいいのか。いきなり拍子抜けさせてしまうかもしれないが、**何をしていいのかなどということは、正直言って誰にもよくわからない**だろう。

私にしてみれば、**基本的には好きなものだけをやらせる、としかいいようがない**。もちろん、ド文系教科ばかり勉強すると、新たなド文ちゃんが生まれるだけかもしれない。ただ、文系にもまともな人も（たまに）いるし、それこそいまや大学院進学は当たり前だから、博士号を取得するくらいまで好きなことを勉強すれば、その過程で客観的な思考が必ず必要になるから、自然と物事をロジカルに考える頭になるだろう。

逆に、**嫌いな科目、教科をいくらやらせたところで、それは苦行でしかない。「苦行」になってしまうと、人間というものはなかなかそれを続けることはできないのだ。ましてや相手は子どもだ。小さなころからやりたくないことを強要すると、勉強という行為自体が嫌いになってしまう**だろう。

私自身、勉強はまったく「苦」ではなかった。なぜなら、好きなことしか勉強しなかったからだ。私にとって数学は大事な学問領域だが、特に一番好きだったわけではない。そうではなく、数学という科目が自分にとってとにかくラクだったから、勉強しただけなのだ。つまり、苦ではないから、結果的に続けることができただけ。まさに、「好きこそもの上手なれ」ということだ。

逆に、好きでもない教科にはまったく取り組まなかった。やらないものだから、苦手であるということすら気づかない。たとえば、英語などはまさにそうだ。のちにアメリカ留学したときは、さすがに勉強せざるを得なかったが、子どものころは英語などまったく必要ではない。だから勉強しなかった。とにかく**一番安易な道を歩んだ**というわけだ。

日本人は根性論が大好きだから、苦労してでも何かを続けられるということすら、一種の優れた才能だと思いがちだ。だが、決してそんなことはない。勉強という行為は、無論、学生時代だけではなく、社会人になってからもずっと求められ続ける。だからこそ、**一種の勉強グセをつけるために必要なのは、嫌悪感を思い出す「苦行」ではなく、好きな科目だけをやって楽しく勉強できたという「成功体験」**なのだ。

私にとっての英語のように、どうせ社会人になったら、イヤでも勉強をしなければならないシチュエーションに追い込まれる。そのとき、子どものころから苦しい思いしかしてこないと、勉強を忌避し続け、やがて出世や競争に影響が及んでしまう。

だから、「勉強をどうしたらいいんですか」と聞かれれば、「好きなジャンルだけやれよ」としか言いようがない。**好きな勉強だけやって、その成功体験で自分の世界を広げていくのが一番いい**のではないだろうか。

トドメの一撃!

勉強において一番大事なのは、苦しみではなく成功体験。好きなジャンルの能力を伸ばすことを第一に考えること!

著者略歴
高橋洋一（たかはし・よういち）
株式会社政策工房代表取締役会長、嘉悦大学教授。1955年、東京都生まれ。都立小石川高等学校（現・都立小石川中等教育学校）を経て、東京大学理学部数学科・経済学部経済学科卒業。博士（政策研究）。1980年に大蔵省（現・財務省）入省。大蔵省理財局資金企画室長、プリンストン大学客員研究員、内閣府参事官（経済財政諮問会議特命室）、内閣参事官（首相官邸）等を歴任。小泉内閣・第一次安倍内閣ではブレーンとして活躍。2008年、『さらば財務省』（講談社）で第17回山本七平賞受賞。『“まやかしの株式上場”で国民を欺く 日本郵政という大罪』『「日経新聞」には絶対に載らない 日本の大正解』『めった斬り平成経済史 失敗の本質と復活の条件』（以上、ビジネス社）『正しい「未来予測」のための武器になる数学アタマのつくり方』（マガジンハウス）、『安倍政権「徹底査定」』（悟空出版）、『ド文系ではわからない日本復活へのシナリオ』（三交社）、『日本の「老後」の正体』（幻冬舎）など著書多数。

編集協力：望月太一郎

「バカ」を一撃で倒すニッポンの大正解

2019年7月26日　第1刷発行

著　者　　高橋洋一
発行者　　唐津 隆
発行所　　株式会社ビジネス社
〒162-0805　東京都新宿区矢来町114番地 神楽坂高橋ビル5階
電話　03(5227)1602　FAX　03(5227)1603
http://www.business-sha.co.jp

印刷・製本　大日本印刷株式会社
〈カバーデザイン〉尾形忍(Sparrow Design)　〈本文組版〉茂呂田剛(エムアンドケイ)
〈編集担当〉大森勇輝　〈営業担当〉山口健志

ISBN978-4-8284-2116-2